Schnelleinstieg

Inhalt

SIBYLLE TOBLER

Die Kunst, über den eigenen Schatten zu springen

oder wie Sie Schwierigkeiten bei Neuanfängen meistern

Klett-Cotta

Klett-Cotta
www.klett-cotta.de
© 2015 by J. G. Cotta'sche Buchhandlung
Nachfolger GmbH, gegr. 1659, Stuttgart
Alle Rechte vorbehalten
Printed in Germany
Umschlaggestaltung: Weiß-Freiburg GmbH – Graphik & Buchgestaltung
Titelbild: Plongeon © pict rider / fotolia.com
Gesetzt in den Tropen Studios, Leipzig
Gedruckt und gebunden von Kösel, Krugzell
ISBN 978-3-608-86051-1

Bibliografische Information der Deutschen Nationalbibliothek
Die Deutsche Nationalbibliothek verzeichnet diese Publikation in
der Deutschen Nationalbibliografie; detaillierte bibliografische
Daten sind im Internet über http://dnb.d-nb.de abrufbar

für Bert

&

für alle Menschen, die den Mut haben,
ihr Leben in die Hand zu nehmen,
sich für wichtige Lebensziele einzusetzen
und auch dann dranzubleiben,
wenn es unterwegs holprig wird

Einleitung: Veränderung wagen *und* dabei Schwierigkeiten meistern

»Jede Schwierigkeit ist ein Sprungbrett.«

Johannes von Müller (1752–1809)
Schweizer Historiograf

Wer Veränderung angehen will oder muss, wird oft konfrontiert mit Stolpersteinen, wenn es um die Umsetzung geht – egal, um welche Veränderung es sich handelt, etwa einen Jobwechsel, Verlust von Gesundheit, eine Trennung, Änderung im Lebensstil oder die Erfüllung eines Lebenstraums.

Mit diesem Buch möchte ich Sie ermutigen, sich von Schwierigkeiten nicht einschüchtern oder von Veränderung abhalten zu lassen, sondern sich damit auseinanderzusetzen; gerade so können Sie Ihren Weg motiviert und erfolgreich gehen. Dazu nehme ich neun der häufigsten Stolpersteine unter die Lupe, die Umgang mit Veränderung erfahrungsgemäß erschweren oder gar verhindern. Sie erfahren, woran diese zu erkennen sind, was ihnen zugrunde liegt und wie sie beseitigt werden können.

Diese neun Stolpersteine sind in drei Teile gruppiert:

TEIL I »Die Kunst des (Neu-)Anfangens« bezieht sich auf die Wichtigkeit, genau hinzuschauen und förderliche Wahrnehmungen zu entwickeln, um Veränderung gut angehen zu können:

1 »Wo fange ich hier nur an?!«: Wenn vieles ansteht, ist oft nicht klar, wo am besten anzufangen ist. Hier erfahren Sie, wie man dann Überblick und Klarheit gewinnt sowie gezielt ins Handeln kommt – ohne sich in »Feuerlöschen« zu erschöpfen.

2 »Alles muss sofort anders werden!«: Manchmal ist es verlockend, das Leben auf den Kopf zu stellen. Dies kann vom Regen in die Traufe führen. Hier erfahren Sie, wie man Veränderung mit Elan *und* Klarheit über eigene Motive und Ziele wagen kann.

3 »Das Leben ist doch kein Wunschkonzert!«: Lebensorientierungen, die suggerieren, dass es nicht zulässig und / oder nicht möglich ist, sich für wichtige Ziele und Lebensqualität einzusetzen, blockieren produktives Verändern. Hier erfahren Sie, wie man solche Auffassungen erkennt und andere entwickelt; solche, die ermöglichen, Kurs zu nehmen auf erstrebenswerte Ziele.

TEIL II »Die Kunst des Aufbrechens« bezieht sich auf die Wichtigkeit, motivierende Perspektiven zu entwickeln, sich zum Aufbruch zu entscheiden und auch dann dranzubleiben, wenn es unterwegs Verunsicherndes gibt:

4 »Keine Ahnung, wohin weiter ...«: Manchmal scheint es keine (neuen) Perspektiven zu geben. Hier erfahren Sie, wie man einen Kurs bestimmen und einschlagen kann, der einen motiviert und einem entspricht – ohne künstlich Ziele erzwingen zu wollen.

5 »Das geht nicht!«: Wer sich von Argumenten wie »Ist in meiner Situation unmöglich«, »Ist schwierig« vom Handeln abhalten lässt, bringt sich um die Erfahrung, dass oft mehr möglich ist, als man denkt. Hier erfahren Sie, was aus der »Geht-nicht«-Falle hinausführt.

6 »Reaktionen anderer verunsichern mich.«: Reaktionen aus dem sozialen Umfeld können gerade in Veränderungssituationen verunsichern oder bewirken, Neustarts gar nicht erst zu wagen bzw. abzubrechen. Hier erfahren Sie, wie man solchen Reaktionen begegnet, ohne sein Veränderungsvorhaben zu gefährden.

TEIL III »Die Kunst, Vertrauen ins Gelingen aufzubauen« schließlich bezieht sich auf die Wichtigkeit, zu lernen, das Vertrauen zu entwickeln, positive Resultate erzielen zu können. Dieses Vertrauen befähigt, Veränderung zu wagen und Durststrecken durchzuhalten:

7 »Da ist dieser innere Kritiker ...«: Wer sich Veränderung nicht zutraut oder sich mit übermäßig hohen Anforderungen an sich selbst belastet, beeinträchtigt sich. Oft ist dann das Selbstvertrauen angeschlagen. Hier geht es darum, wie man den Teufelskreis von wackligem Selbstvertrauen, destruktiven Gedanken und sich selbst sabotierendem Verhalten verlässt und so nicht nur freier wird, zu verändern, sondern zugleich das Selbstvertrauen stärkt.

8 »Wo ist hier das Ende des Tunnels?!«: Wenn der Erfolg auf sich warten lässt, kann dies beträchtlich verunsichern oder gar zum Aufgeben von Begonnenem führen. Hier erfahren Sie, wie man Durststrecken realistisch und authentisch bewältigen kann.

9 »Soll ich, soll ich nicht ...«: Zögern und Zweifeln können positive Erfahrungen im Umgang mit Veränderung verhindern. Hier erfahren Sie, wie Sie Zögern und Zweifeln nutzen können, um zu einer für Sie passenden Entscheidung und ins Handeln zu kommen.

Bevor ich Ihnen diese neun Stolpersteine vorstelle, ist es nützlich zu schauen, worauf es im Kern ankommt, damit Veränderung gelingt. Wer die essentiellen Faktoren kennt, versteht und umsetzt, hat eine solide Basis für einen produktiven Umgang mit Hindernissen und wird erfahren, dass es zu vielen Knacknüssen, mit denen Menschen sich in Veränderungssituationen oft schwertun, gar nicht erst kommt. Daher erläutere ich als Erstes im Kapitel **Wie gelingt ein Neuanfang?** die drei Schlüsseldimensionen erfolgreichen Umgangs mit Veränderung: »Bereitschaft, genau hinzuschauen«, »Entschlossenheit & Mut, vorwärts zu gehen« sowie »Vertrauen, ›anzukommen‹«. Diese drei Dimensionen habe ich in meinem Buch »Neuanfänge – Veränderung wagen und gewinnen« ausführlich beschrieben. Hier halte ich die Essenz fest.

Dieses Buch ist als Praxisbuch gemeint für Menschen, die Veränderung nicht nur wagen, sondern auch in der Lage sein wollen, Schwierigkeiten unterwegs zu bewältigen. Es will Sie »empowern«, Veränderung erfolgreich anzugehen.

Vielleicht wollen Sie von vorne nach hinten lesen. Vielleicht wollen Sie auch beim Kapitel einsteigen, das im Inhaltsverzeichnis Ihr Interesse weckt. Oder Sie wollen als Erstes mit der Checkliste im Schlusskapitel klären, welche Kapitel in Ihrer spezifischen Situation weiterführen.

Der Inhalt des Buches ist vielseitig anwendbar. Richte ich mich hier an Menschen, die motiviert sind, Veränderung anzupacken und dabei Stolpersteinen kompetent zu begegnen, so wird das Buch auch all denen Impulse geben, die solche Menschen begleiten.

Ich freue mich, wenn Sie in diesem Buch Mut schöpfen für Ihren Umgang mit Veränderung und für Ihre ganz eigene Art, Stolpersteine aus dem Weg zu räumen.

Wie gelingt ein Neuanfang?

> *»Das Gesetz des Schwimmens wurde nicht entdeckt durch die Betrachtung sinkender Dinge, sondern durch die Betrachtung von Dingen, die auf natürliche Weise schwimmen.«*
>
> Thomas Troward (1847–1916)
> Englischer Richter, Philosoph, Maler

Wer schwimmen lernt, übt Bewegungen, die ermöglichen, nicht unterzugehen und auch noch im Wasser voranzukommen. Wer Veränderung erfolgreich angehen will, tut nichts anderes: Man lernt und übt zu tun, was positive Resultate ermöglicht. Es ist nützlich zu wissen, worauf es dabei ankommt.

Die drei Schlüsseldimensionen erfolgreichen Umgangs mit Veränderung

Drei Merkmale zeichnen Menschen aus, die in Veränderungssituationen »auf natürliche Weise schwimmen« bzw. bewusst oder auch intuitiv tun, was sie vorwärtskommen lässt:

- Sie bringen die Bereitschaft auf, genau hinzuschauen: Sie setzen sich mit sich und Ihrer Situation auseinander. Sie fragen sich: Was ist hier los? Worum geht es hier? Und Sie finden Antworten, die ermöglichen, produktiv zu handeln.
- Sie bringen Entschlossenheit und Mut auf, in eine Richtung aufzubrechen, die Sie motiviert und die Ihnen entspricht. Sie fragen sich: Wo will ich hin? Was will und kann ich hier tun? Und Sie finden Antworten, die Sie motiviert und fokussiert handeln sowie positive Resultate erzielen lassen.

- Sie haben oder entwickeln das Vertrauen, dass Sie »ankommen« bzw. Erfolg erzielen werden. Sie fragen sich: Wie kann ich dieses Vertrauen stärken? Und Sie finden Antworten, die sie aktiv und zugleich offen zu einem erfreulichen Verlauf der Dinge beitragen lassen, ohne Resultate abzwingen zu wollen. Positive Erfahrungen und Erfolgserlebnisse stärken Ihr Vertrauen ins Gelingen.

Was ist damit gemeint und warum ist dies wichtig?

Erfolgreich verändern kann, wer sich ein Bild der Ausgangslage macht und klärt, wo am besten anzusetzen ist.

Die gleiche Ausgangslage kann ganz unterschiedliche Hintergründe haben. Um effektiv handeln zu können, ist es wichtig, differenziert vorzugehen und Klarheit zu gewinnen, was genau spielt. Lassen Sie mich das an einem Beispiel veranschaulichen: Stress am Arbeitsplatz. Sich vorzunehmen, »weniger gestresst« zu sein, wird kaum helfen. Die Stelle zu kündigen kann vom Regen in die Traufe führen. Sich mit unbezahltem Urlaub eine Ruhepause zu gönnen, verschafft Erleichterung; irgendwann kommt man an den Arbeitsplatz zurück. Sinnvoller ist es, zu schauen: Wie kommt es zu diesem Stress? Sind es zu viele Anforderungen in zu kurzer Zeit, unrealistische Ziele, ineffiziente Arbeitsabläufe oder Personalmangel? Sind es Sicht- und Denkweisen, die einen konstant zu Höchstleistung antreiben, etwa »Ich bin nur gut, wenn ich 200% leiste.« oder »Ich mache die Arbeit lieber selbst; meine Kollegen können das nicht.«? Arbeitet man in einem Bereich, der einem nicht entspricht? Flüchtet man aus einer Beziehungskrise in die Arbeit? Es dürfte deutlich sein: Je nachdem führen ganz andere Schritte weiter.

Die gleiche Ausgangslage kann zudem unterschiedlich wahrgenommen werden. Während die eine Person bei einer Kündigung mutlos wird oder über den Arbeitsmarkt schimpft, sieht die andere darin eine Möglichkeit, die Weichen neu zu stellen. Es sind nicht Herzinfarkt, Scheidung oder Arbeitsüberlastung, die bestimmen, wie man diesen Situationen begegnet. Es sind die eigenen Sicht- und Denkweisen. Daher ist es wichtig zu realisieren, welche Haltung man gegenüber einer Situation einnimmt, worauf die Aufmerksamkeit liegt, welche Anschauungen, Überzeugungen, Gefühle dominant sind und ob diese befähigen, Möglichkeiten zu erkennen, Ideen zu entwickeln und produktiv zu handeln. Die gute Nachricht: Sicht- und Denkweisen können geändert werden! Es gibt immer *mehrere* Möglichkeiten, Situationen zu begegnen. Wer sich z. B. als Opfer der Umstände sieht, kann ab heute eine neue Haltung einüben, etwa: »Ich habe nicht immer in der Hand, was mir widerfährt. Aber ich habe es in der Hand, wie ich den Umständen begegne. Ich fokussiere jetzt darauf, was ich tun kann, um vorwärtszukommen.« Wenn Sicht- und Denkweisen unproduktiv sind, ist zu erkunden: Welche *anderen* Sicht- und Denkweisen sind hier hilfreich und motivierend?

Genau hinschauen fällt nicht immer leicht. Es kann ungewohnt, unangenehm, konfrontierend sein. Doch wer sich z. B. der Auseinandersetzung mit einer Krankheitsdiagnose stellt, wird feststellen, dass Wissen befähigt, angemessen vorzugehen. Wer in einer chaotischen Situation innehält, statt irgendwie weiterzumachen, kann umso gezielter handeln. Wer Mut und langen Atem aufbringt, förderliche Wahrnehmungen einzuüben, wird belohnt: Statt sich etwa mental endlos um Probleme zu drehen, kann Zeit und Energie für neue Ziele genutzt werden. Statt sich zu bemitleiden oder Schuldige zu suchen, ermöglichen neue, praxisorientierte Ideen, zu handeln.

Wer sich Zeit nimmt, in Veränderungssituationen Überblick zu schaffen und Klarheit zu gewinnen, und sich nicht scheut, die eigene Haltung kritisch unter die Lupe zu nehmen, kann effektiv handeln.

In Abbildung 1 finden Sie eine kleine Checkliste zu dieser Schlüsseldimension erfolgreichen Umgangs mit Veränderung.

- Fakten erkunden: Wie / wo ist für mich Veränderung jetzt ein Thema? Wie ist es dazu gekommen? Was / wer ist beteiligt? Wie bin ich selber beteiligt?
- Wahrnehmung erkunden: Welche Haltung nehme ich dieser Situation gegenüber ein? Sind meine Anschauungen motivierend und hilfreich? Oder sind sie das nicht? Welche Sicht- und Denkweisen ermöglichen mir, produktiv zu handeln?
- Worum geht es jetzt im Kern? Wo will / muss ich ansetzen? ①

Erfolgreich verändern kann weiter, wer motivierende Perspektiven entwickelt und sich bewusst entscheidet, in diese Richtung aufzubrechen.

Um motiviert und erfolgreich Veränderung angehen zu können, braucht es Perspektiven, die für einen attraktiv sind, einem entsprechen und für die man sich einsetzen will und auch kann. Wie soll man die Energie mobilisieren, die jede Veränderung erfordert, wenn es keine solchen Perspektiven gibt? Wer steht schon früh auf, wenn es nichts gibt, wozu sich das lohnt? Wer nach einem Herzinfarkt Fitnesstraining machen muss, wird dies nur mit Widerwillen absolvieren, wenn es keine Idee gibt, was damit gewonnen wird. Beispielsweise, mit dem Enkel wieder Fußball spielen zu können, was einem immer so viel Freude gemacht hat.

Ich nenne diese Perspektiven »motivierender Horizont«. Ein solcher Horizont kann sich auf einen Lebenstraum beziehen, etwa ein Hobby zum Beruf zu machen. Er kann sich auf Vorstellungen von Lebensqualität beziehen, etwa darauf, was mit und trotz einer Krankheit das Leben sinnvoll und lebenswert bleiben lässt. Ein motivierender Horizont kann sich auf etwas beziehen, das einem hilft, eine schwierige Phase durchzustehen. So ist der motivierende Horizont einer Bäuerin, die nach einem Hirnschlag ein anstrengendes Training durchlaufen muss, wieder Auto fahren zu können. Das ist für sie als Bäuerin wichtig und zudem verbunden mit dem Gefühl von Freiheit und Unabhängigkeit. Ein motivierender Horizont kann sich auch auf kurze Zeiträume beziehen: »Wie müsste der heutige Tag aussehen, dass ich am Abend sagen kann: ›Es war ein guter Tag!‹?« Die Antwort wäre z. B., sich mitten im Umsetzen von Veränderungsschritten Zeit zu nehmen, im Lieblingsstraßencafé in der Nachmittagssonne einen Kaffee zu genießen. Ein motivierender Horizont liegt oft näher, als man denkt.

Doch es braucht auch die bewusste Entscheidung, in Richtung dieses Horizonts Schritte zu unternehmen. Mit dem inneren Bild einer glücklichen Partnerschaft etwa ist diese noch nicht Realität. Obwohl sich der Traumprinz nicht herbeizaubern lässt, gilt es, die Regie zu übernehmen und aktiv dazu beizutragen, dass ein Leben Form annehmen kann, in dem man sich glücklich fühlt; der beste Boden, auf dem sich auch eine glückliche Partnerschaft ergibt. Das beinhaltet etwa: Keine falschen Kompromisse eingehen, auch wenn man allenfalls länger Single bleibt, kein Selbstmitleid pflegen, die eigenen Stärken zum Ausdruck bringen, Interessen und Freundschaften pflegen usw. sowie bei allem offen bleiben; oft lässt einen das Leben auf überraschende Weise erreichen, was man sich wünscht.

Wer in Veränderungssituationen Entschlossenheit und Mut aufbringt, selbstverantwortlich in Richtung eines motivierenden Horizonts Schritte umzusetzen, kann motiviert und fokussiert handeln und wird in Richtung seines Horizontes vorwärtskommen. Wer Kurs nimmt nach Norden, erreicht zu gegebener Zeit den Nordpol bzw. nähert sich diesem an. Auch wenn es unterwegs Hindernisse und Durststrecken geben mag, Kurskorrekturen nötig sein können.

In Abbildung 2 finden Sie eine kleine Checkliste zu dieser Schlüsseldimension erfolgreichen Umgangs mit Veränderung.

- Einen motivierenden Horizont entwickeln: Was sind (neue) Perspektiven, die mich motivieren, mir entsprechen und es sinnvoll machen, vorwärtszugehen?
- Selbstverantwortlich entscheiden und ins Handeln kommen: Was sind Möglichkeiten, um in diese Richtung vorwärtszugehen? Zu welchen Schritten entscheide ich mich? Wie beginne ich?
- Was will und kann ich hier tun? ②

Erfolgreich neu anfangen kann schließlich, wer das Vertrauen aufbaut, dass es immer wieder Möglichkeiten und Lösungen gibt und dass man aktiv zum positiven Verlauf der Dinge beitragen kann, ohne Resultate erzwingen zu wollen.

Veränderung beinhaltet immer Risiko und Ungewissheit: Werde ich innerhalb einer vertretbaren Frist eine interessante neue Stelle finden? Wird das Zusammenziehen mit meinem Partner gut gehen? Werde ich es schaffen, nach der Trennung ein gutes neues Leben aufzubauen? Werde ich es vielleicht einmal bereuen, wenn ich jetzt die vertraute Wohnumgebung, in der ich mich wohlgefühlt habe, verlasse für die größere Wohnung? Werde ich es schaffen, trotz dieser Krankheit Lebensqualität zu erfahren? Jede Veränderung erfordert das Vertrauen, dass das, worauf ich mich jetzt einlasse, zu positiven Resultaten führen wird, auch wenn diese zu einem anderen Zeitpunkt eintreffen und anders ausfallen mögen, als ich es mir jetzt vorstelle und wünsche.

Wie lässt sich Vertrauen aufbauen? Ist dies überhaupt möglich? Kann man vertrauen *lernen*? Ja. Nicht, indem man sich anstrengt »Ich muss vertrauen«. Das wird kaum funktionieren. Vertrauen lässt sich nicht erzwingen. Aber es gibt ganz konkrete Schritte, womit man Vertrauen aktiv fördern kann. Die wichtigsten:

- Bewusster Umgang mit Angst: Veränderung erfolgreich angehen bedeutet nicht, keine Angst zu haben. Veränderung erfolgreich angehen bedeutet, der Angst keine Macht über das Handeln zu geben. Wenn ich Angst vor den Risiken einer Trennung habe, brauche ich nicht in der frustrierenden Partnerschaft zu verharren. Nützlicher ist es, diese Angst unter die Lupe zu nehmen, sich mit den »Worst-case«-Situationen zu beschäftigen, Ideen zu sammeln, wie man dann vorgehen kann. Wer dann Veränderung wagt, wird dies nicht nur bewusster und entschlossener tun, sondern auch das Vertrauen aufbauen, dass man der Angst produktiv begegnen kann und so frei wird für entschlossenes Handeln.

- Offen bleiben für das, was unterwegs geschieht: Wer offen ist, erfährt, dass sich immer wieder Ideen, Möglichkeiten und Lösungen ergeben, oft unerwartet. Dies stärkt das Vertrauen, dass man nicht alles »machen« und Resultate schon kennen muss und doch – oder *gerade* so – erfolgreich ist. So kann etwa Offenheit für den Tipp des Nachbarn, dass eine Stelle frei wird in einer interessanten Firma, der Anfang einer erfreulichen Wende in der beruflichen Laufbahn sein.

- Positive Erfahrungen wahrnehmen und wertschätzen: Wer auf dem Weg in Richtung motivierender Perspektiven Fortschritt und Erfolgserlebnisse sieht und sich daran freuen kann, stärkt das Vertrauen, dass entschlossene Schritte in die richtige Richtung tatsächlich vorwärtskommen lassen. Wer sich bei einer Diät über eine erreichte Zwischenetappe freuen kann und sich dafür etwa mit einem schönen Kleidungsstück belohnt, aktiviert positive Gefühle, neue Motivation und Vertrauen, das Ziel zu erreichen.

- Negative Erfahrungen zum Anlass nehmen, erneut genau hinzuschauen: Enttäuschungen, Rückfälle und Komplikationen lassen sich nicht ausschließen. Dass man nach x Absagen bei der Stellensuche enttäuscht ist und vielleicht auch zweifelt, ist verständlich. Wer dann überprüft, ob etwas am Vorgehen verbessert werden kann oder ob alles im grünen Bereich ist, und es darum geht, hilfreiche Strategien fürs Dranbleiben zu entwickeln und allenfalls auch Alternativen in den Blick zu nehmen, wird nicht nur angemessen handeln können, sondern auch erfahren, Schwieriges zu bewältigen. Dies stärkt Vertrauen.

Wer dies in den Umgang mit Veränderung einbezieht, wird sehen, dass durch die damit gemachten Erfahrungen Vertrauen ins Gelingen wächst und dies ermöglicht, stets gelöster und flotter zu handeln.

In Abbildung 3 finden Sie eine kleine Checkliste zu dieser Schlüsseldimension erfolgreichen Umgangs mit Veränderung.

Vertrauen, »anzukommen«:
Mit welchen Schritten stärke ich Vertrauen ins Gelingen?

- Bin ich offen für Ideen, Möglichkeiten und Lösungen?
- Wie gehe ich mit Angst, Unsicherheit, Risiko um?
- Sehe und schätze ich positive Erfahrungen, Erfolgserlebnisse, Fortschritt – auch wenn diese unscheinbar sind?
- Nehme ich negative Erfahrungen, Misserfolge und Durststrecken zum Anlass, erneut genau hinzuschauen?
- Wie trage ich dazu bei, dass Vertrauen wachsen kann?

(3)

Menschen, die erfolgreich Veränderung angehen, werden *auch* mit Schwierigem konfrontiert, verlieren etwa die Stelle, müssen eine Trennung verarbeiten oder werden krank. Auch diese Menschen durchleben Momente, in denen sie sich mies fühlen, traurig sind oder nicht wissen, wie weiter. Doch sie finden immer wieder den Dreh, weil sie diese drei Dimensionen berücksichtigen: Sie setzen sich mit Schwierigem auseinander und richten dennoch rasch den Blick auf neue Möglichkeiten und Lösungen. Sie fokussieren entschlossen auf Lebensqualität, entwickeln einen »motivierenden Horizont« und haben nicht nur den Mut zum eigenen Weg, sondern übernehmen auch die Verantwortung dafür und werden aktiv. Sie folgen dem Sprichwort: »*Ich kann den Wind nicht bestimmen. Aber ich kann bestimmen, wie ich die Segel setze.*«

In den »Veränderungskreis« finden

Wo diese Schlüsseldimensionen erfolgreichen Umgangs mit Veränderung kontinuierlich in die eigene Situation übertragen werden, wird es zu Erfolgserlebnissen und erfreulichen Wendungen kommen. Dies wiederum fördert erneut Bereitschaft, Entschlossenheit & Mut und Vertrauen. Es setzt ein nicht endender positiver Kreislauf ein. Ich nenne diesen positiven Kreislauf »Veränderungskreis« ©.

Wer genau hinschaut, wird erfahren, dass dies zu Erkenntnissen führt und Ansatzpunkte fürs Handeln erschließt. Das motiviert, bei Bedarf erneut genau hinzuschauen. Mit der Zeit und mit Übung wird man immer natürlicher genau hinschauen und stets rascher Überblick und Klarheit gewinnen, wo jeweils am besten anzusetzen ist. Damit kann man zugleich stets besser effektiv handeln.

Wer einen »motivierenden Horizont« entwickelt, wird erfahren, dass dies Energie freisetzt, Prioritäten deutlich macht und dem Handeln nicht nur Richtung, sondern auch Sinn verleiht. Das ermutigt, die Regie im eigenen Leben zu übernehmen und selbstverantwortlich zu handeln. Wer dies auch tut, wird stets selbstverständlicher Schritte umsetzen, die zu einem passen, hinter denen man steht, und erfahren, dass dies zu positiven Resultaten führt. Dies stärkt zugleich zunehmend das Vertrauen, dass es möglich ist, den Gang der Dinge zu beeinflussen und Wichtiges im Leben zu erreichen.

Wer sich darin übt, offen zu bleiben sowie Erreichtes wahrzunehmen und zu schätzen, wird erfahren, dass sich so wichtige Informationen fürs Weitergehen erschließen und dass es immer wieder und oft unerwartet zu Ideen, neuen Möglichkeiten und guten Lösungen kommt. Das stärkt das Vertrauen ins Gelingen und motiviert, sich weiter darin zu üben, entschlossen zu handeln, ohne Resultate erzwingen zu wollen, oder bei Hindernissen den Mut zu verlieren. Damit kann man stets gelöster und offener vorwärtsgehen und wird gerade so immer öfter positive Resultate erzielen. Dies wiederum bestärkt, den »Veränderungskreis« stets selbstverständlicher zu durchlaufen.

Ist man einmal im »Veränderungskreis« unterwegs, wird dies motivieren, gemachte Erfahrungen auf weitere Bereiche zu übertragen. Wer z. B. einmal erfahren hat, unter Berücksichtigung dieser drei Dimensionen eine berufliche Krise zu bewältigen, kann auf diese Erfahrung zurückgreifen, etwa wenn eine Krankheit herausfordert.

So wird das Durchlaufen dieses Kreises zunehmend die Lebensgestaltung prägen und in einem nicht endenden Prozess kontinuierlich in Situationen führen, die von (mehr) Lebensqualität geprägt sind. Es wird langsam Teil der eigenen Persönlichkeit und »empowert« strukturell, erfolgreich mit Veränderung umzugehen.

Den »Veränderungskreis« wird jeder intuitiv begreifen. Personen, die sich vertieft mit den drei Schlüsseldimensionen dieses Kreises beschäftigen wollen, finden in meinem Buch »Neuanfänge – Veränderung wagen und gewinnen« weitere Informationen und Anregungen für die praktische Umsetzung.

»Stolpersteine« (er)kennen

Manche Menschen kommen intuitiv in den »Veränderungskreis«: Sie richten sich von Natur aus auf neue Möglichkeiten aus und haben Perspektiven, für die sie sich einsetzen wollen. Sie rappeln sich nach negativen Erfahrungen wieder auf, freuen sich an Erfolgserlebnissen und schöpfen daraus Kraft und Vertrauen fürs Weitergehen.

Doch bei vielen Menschen erfolgt dies nicht automatisch. Sie kommen nicht ohne Weiteres in diesen Prozess. Sie sind sich der entscheidenden Faktoren nicht bewusst. Oder es treten unterwegs Hindernisse auf, und sie bleiben stecken, geben vielleicht auf.

In der Praxis des alltäglichen Umgangs mit Veränderung gibt es immer wieder Stolpersteine, die es erschweren oder verhindern, den »Veränderungskreis« zu durchlaufen. Der damit verbundene Prozess kommt nicht in Schwung oder wird vorzeitig abgebrochen. Wenn in diesem Buch die neun häufigsten Stolpersteine beschrieben werden, so soll dies dazu beitragen, auch dann im »Veränderungskreis« vorwärtszukommen, wenn sich unterwegs Hindernisse in den Weg stellen.

Wir alle werden im Umgang mit Veränderung früher oder später und wiederholt mit einigen dieser Stolpersteine konfrontiert. Dieses Buch ist als »Praxisbuch« gemeint für Menschen, die üben wollen, diese Hindernisse und Blockaden zu erkennen und zu beseitigen. Das Buch kann gelesen werden ohne detaillierte Vorkenntnis des »Veränderungskreises«. *Beides* ist möglich: Wer den »Veränderungskreis« kennt, versteht und in die eigene Situation »übersetzt«, sorgt präventiv dafür, es mit weniger Hindernissen zu tun zu bekommen. Und umgekehrt: Wer sich mit Stolpersteinen auseinandersetzt, findet in den »Veränderungskreis« und übt, diesen immer selbstverständlicher zu durchlaufen.

Teil I: Die Kunst des (Neu-)Anfangens:
Alles beginnt mit genau hinschauen

Manchmal wird bereits das »Anfangen« zu einem Stolperstein in einem Veränderungsprozess. Wie sich dies äußern kann und wie es auch dann möglich ist, auf gute Weise den (Neu-)Anfang zu finden, erfahren Sie in den folgenden drei Kapiteln.

1 »Wo fange ich hier nur an?!«
Bei zu vielen »Baustellen« einen guten Anfang finden

> *»Bist du in Eile, so geh langsam.«*
>
> Chinesisches Sprichwort

In diesem Kapitel geht es um Veränderungssituationen, die unübersichtlich sind und bei denen unklar ist, wo man am besten beginnt. Etwa, weil so vieles gleichzeitig ansteht, dass man vor lauter Bäumen den Wald nicht mehr sieht.

Je anspruchsvoller die Situation ist, desto wichtiger ist es, einen klaren Kopf zu bewahren und sich ans oben zitierte Sprichwort zu halten: *»Bist du in Eile, so geh langsam.«*

Doch wie kommt man zu einem »klaren Kopf«, wenn dieser so voll ist, wenn man von Herausforderungen überrollt wird und Handlungsbedarf besteht? Im Kern geht es darum, erst einmal *nichts* zu tun! Bzw. mental in einen Helikopter zu steigen und sich die Situation genau anzuschauen: Was ist hier eigentlich los? Und was ist jetzt in welcher Reihenfolge wichtig? Das schafft Überblick und fördert Ruhe im Kopf. So können Ideen entstehen, wo anzufangen ist. Dieses Kapitel handelt davon, wie dies gelingt.

» *Wo fange ich hier nur an?!«*

Herr Müller sitzt im Schlamassel: Seine Partnerin hat sich entschieden, sich von ihm zu trennen. Sie haben zusammen ein Geschäft. Für Herrn Müller bricht nicht nur eine Welt zusammen; er muss auch Wege finden, zu einer Wohnung, einer neuen Stelle zu kommen, Einkommen zu generieren. Er weiß nicht, wo anfangen. Er kontaktiert mich. Er ist überrumpelt, traurig, unter Druck, aber auch motiviert, das alles anzupacken – die Frage ist nur: Wo beginnen?

Das kann es immer geben: mehrere »Baustellen« gleichzeitig. Man hat etwa die Kündigung erhalten, die Hypothek aufs neue Haus erhöht den Stress, und nun kommt auch noch die Krankheitsdiagnose der Frau. Oder auch: Seit Längerem stapeln sich Unerfreuliches, Belastendes. So gibt es etwa gesundheitliche Beschwerden, in der Beziehung kriselt es, am Arbeitsplatz führt eine Umstrukturierung zu Überstunden sowie zur Ungewissheit, ob die eigene Stelle sicher ist. Manchmal sind die »Baustellen« nicht so klar benennbar; es macht sich ein diffuses Gefühl allgemeiner Unzufriedenheit breit. Eine innere Stimme sagt: »So kann es nicht weitergehen!«

Es ist sinnvoll, sich dann als Erstes ein Bild der Ausgangslage zu machen. Falls Sie sich gerade in einer solchen Situation befinden, können Sie dies anhand der Fragen in Abbildung 5 tun.

Die Ausgangslage klären: Mit welchen »Baustellen« habe ich es zu tun?

- Wie ist es zu dieser Situation gekommen?
- Was sind die wichtigsten Fakten?
- Haben die einzelnen »Baustellen« miteinander zu tun? Wenn ja: Wie? Gibt es einen »roten Faden«?
- Was haben Sie bisher unternommen? Resultat?
- Wo sind für Sie jetzt Lösungen am dringendsten?

In Abbildung 6 finden Sie einige Anhaltspunkte, wann es besonders ratsam ist, bei mehreren »Baustellen« sich Überblick zu verschaffen, um einen guten Anfang finden zu können. Vielleicht wollen Sie gleich überprüfen, ob es Bezüge gibt zu Ihrer Situation?

In komplexen Situationen einen guten (Neu-)Anfang finden:
Anhaltspunkte, wann überlegtes Vorgehen besonders ratsam ist

- Sie sind atemlos am »Feuerlöschen«.
- Sie schleppen sich von Tag zu Tag.
- Innerer und / oder äußerer Druck, Lösungen zu finden, nimmt zu.
- Bisherige Lösungsstrategien haben nicht zu Verbesserung geführt, sondern zu »*mehr* desselben«.
- Sie spüren zunehmend Hilflosigkeit, Frustration, Panik, Verzweiflung, Hoffnungslosigkeit, Resignation.
- Sie fühlen sich zunehmend körperlich und / oder psychisch erschöpft, möglicherweise gibt es gesundheitliche Probleme.
- Sie können sich nicht vorstellen, dass es einen Ausweg gibt.
- Sie spüren: »Wenn ich so weitermache, tut mir das nicht gut.«
- Sie sind ratlos, wie Sie das alles (anders) anpacken sollen.   ⑥

Im Kern sind es zwei Dinge, die Sie in solchen Situationen dazu veranlassen sollten, innezuhalten. In Abbildung 7 ist dies als Faustregel zusammengefasst. Trifft einer der Punkte bei Ihnen zu?

In komplexen Situationen einen guten (Neu-)Anfang finden:

☞ Faustregel
Es ist entscheidend, in komplexen Veränderungssituationen überlegt vorzugehen, wenn
- innerer und / oder äußerer Druck und Ratlosigkeit zunehmen;
- bisherige Strategien statt zu Verbesserung zu »*mehr* desselben« geführt haben.   ⑦

Sich in komplexen Veränderungssituationen Zeit zu nehmen, um Überblick und Klarheit zu gewinnen, hat zum Ziel, dass Sie fokussiert Schritte machen können, die zu echter Verbesserung führen. Letztlich »sparen« Sie so Zeit und Energie und erhöhen wesentlich die Wahrscheinlichkeit, in ruhigere Gewässer zu kommen.

Dazu ist es hilfreich zu verstehen, was sich in solchen Situationen häufig abspielt und wo anzusetzen ist.

Hintergrund und Ansatzpunkt

Der Knackpunkt in Situationen, in denen plötzlich oder auch schleichend mehrere »Baustellen« darauf warten, angepackt zu werden, ist es meist nicht, dass es keine Lösungen gibt. Der Knackpunkt sind oft ungünstige Strategien. Häufig erschöpfen sich Menschen dann mit »Feuerlöschen« oder – umgekehrt – erstarren wie die Maus vor der Katz vor dem Vielen.

Im ersten Fall eilt man atemlos von »Baustelle« zu »Baustelle«. Das war zu Beginn auch die Strategie von Herrn Müller, von dem oben die Rede war: Er wollte eine Stelle suchen, doch wenn er sich daranmachte, einen Lebenslauf zu verfassen, dachte er plötzlich daran, dass er seinen Steuerberater anrufen musste, mit dem er die finanzielle Situation anschauen wollte. Er vereinbarte einen Termin für eine Wohnungsbesichtigung, um kurz danach festzustellen, dass es eine Kollision gab mit einem Arzttermin. Er erwachte mitten in der Nacht und konnte nicht mehr einschlafen; in seinem Kopf wuchs die Liste, was er noch alles tun musste.

Im anderen Fall verharrt man im Unangenehmen. Man dreht sich etwa mental endlos darum, wie es nur so weit hat kommen können, und lähmt sich mit Zweifeln, ob man es je schaffen wird, aus dieser Misere hinauszukommen. Wie Herr P.: Der ist seit Längerem unglücklich in seiner Arbeit als Lehrer. Er braucht viel Kraft, um bei den immer unruhiger werdenden Schülern klar zu bleiben, Grenzen zu setzen. Die Gespräche mit Eltern, die immer mehr fordern, nerven. Dann der endlose Papierkram; immer mehr muss dokumentiert werden. Herr P.

ist oft müde, spielt kaum mehr Klavier. Die Freunde kommen zu kurz. Mit seiner Frau gibt es praktisch nur noch ein Thema: die Schule. Und nun macht ihm ein Hörsturz zu schaffen. Er weiß, dass er etwas ändern muss, hat aber keine Idee, wo und wie anzufangen. Er kreist weiter um die unbefriedigende Situation.

Jeder kennt wohl solche Strategien. Gerade in komplexen Veränderungssituationen werden sie oft zum eigentlichen Problem. Statt dass sie zu guten Ideen, effektiven Lösungsschritten, Erfolgserlebnissen und positiven Wendungen führen, bewirken sie ein Kreisen an Ort und Stelle, rauben Kraft und Zuversicht und begünstigen auf Dauer Frustration, Angst, Hilflosigkeit, Ohnmacht, Versagensgefühle.

Wie kommt es dazu? Meist überlegt man sich nicht, warum man einer Situation so begegnet, wie man es tut. Man greift auf vertraute, gewohnte Sicht-, Denk- und Handlungsweisen zurück. Für den einen ist es die Flucht nach vorn; mit Aktivität, auch wenn sie wenig bringt, hat man zumindest zu Beginn das Gefühl, die Situation in den Griff zu bekommen. Für eine andere Person ist Verharren zur Gewohnheit geworden; so jemand macht sich über alles viele Gedanken, auch Sorgen, und findet nicht ins Entscheiden und Handeln. Wir haben aufgrund unserer Persönlichkeit, Geschichte, Erfahrungen meist während vieler Jahre unsere typischen Muster und Gewohnheiten entwickelt, wie wir Situationen begegnen Diese können durchaus einmal nützlich und sinnvoll gewesen sein. Doch gerade in Situationen, in denen es darum geht, vieles auf die Reihe zu bekommen, können sie produktives Handeln enorm erschweren.

Das Wesentliche ist nun: erkennen, wenn bisherige Strategien nicht zu Verbesserung führen. Das ist meist nicht so schwierig: Resultate und Befindlichkeit lassen zu wünschen übrig. Es gilt, sich einzugestehen: »So komme ich nicht weiter.« Punkt. Das Hamsterrad stoppen, in das man geraten ist. Und aussteigen. Nicht »*mehr* desselben« machen, was nicht vorwärtsführt: Nicht einen Zacken drauflegen und sich dabei Dinge einreden wie: »Es *muss* hier jetzt sofort eine Lösung geben.«, »Wenn ich mich noch etwas mehr anstrenge, wird es gelingen.«, »Nur noch diesen Monat, dann wird es ruhiger.«, oder auch »Wenn ich hier stoppe, bricht alles zusammen.« Auch nicht weiter graben in möglichen Ursachen, warum Dinge sind, wie sie sind, und sich verstricken in elende Gefühle. Stopp. Man muss noch nicht wissen, wie die Lösung aussehen könnte. Mit Innehalten stellt man die Weichen, um *anders* vorzugehen: nüchtern Überblick schaffen, Prioritäten setzen, in der Folge fokussiert anpacken und dabei sorgsam mit sich selbst sowie effizient mit Zeit und Ressourcen umgehen. Damit legt man die Basis, auf der es zu *anderen*, zu guten Resultaten kommen kann.

In Abbildung 8 ist das Wichtigste zusammengefasst.

Wenn es schwerfällt, einen guten (Neu-)Anfang zu finden:
Hintergrund und Ansatzpunkt

☞ Nicht so sehr zu viele »Baustellen« erschweren es oft, einen guten (Neu-)Anfang zu finden. Meist sind es ungeeignete Strategien wie atemloses »Feuerlöschen« oder Verharren. Diese führen statt zu Lösungen zu »*mehr* desselben«, was man nicht will, und werden oft zum eigentlichen Problem.

☞ Ansatzpunkt, in (komplexen) Veränderungssituationen einen guten Anfang zu finden, ist es, zu erkennen, wenn bisherige Strategien nicht greifen, sich Zeit zu nehmen, Überblick zu schaffen, Prioritäten zu setzen und entsprechend ins Handeln zu kommen. ⑧

Es ist *möglich*, den (Neu-)Anfang zu schaffen!

Das Vorgehen von Herrn Müller, von dem ich Ihnen eingangs im Kapitel erzählt habe, zeigt, wie man es in einem Knäuel von Herausforderungen schaffen kann, gute Wege zu finden:

Herr Müller war in einer sehr anspruchsvollen Situation. Alle Lebensbereiche waren am Wanken, dazu kamen begreiflicherweise Gefühle der Verunsicherung, Panik sowie auch körperliche Reaktionen wie Schlafstörungen. Herr Müller war unter enormem, *realem* Druck:

Er musste rasch ein Dach über dem Kopf und vor allem eine neue Einnahmequelle finden. Er hatte schon eine Weile angestrengt versucht, die Situation zu bewältigen. Dies hatte aber mehr zu fahrigen »Feuerwehrübungen« als zu Lösungen geführt. Dies wiederum verstärkte Ratlosigkeit, Stress, Angst und Erschöpfung.

Doch Herr Müller schaffte es, aus diesem Teufelskreis auszusteigen und einen anderen Weg zu wählen. Er realisierte, dass eine Begleitung hilfreich sein könnte, und kontaktierte mich. Es gibt Situationen, da kann es nützlich sein, mit einer anderen Person die Situation unter die Lupe zu nehmen; diese hat Distanz und bringt andere Sichtweisen und Lösungsideen ein.

Wir schauten uns erst einmal die einzelnen »Baustellen« und die Fakten an. Herr Müller hatte sich bisher dazu keine Zeit genommen; wie viele Menschen in solchen Situationen war er der Ansicht, sich diese Zeit nicht leisten zu können. Der Schritt, Übersicht zu schaffen, entlastete Herrn Müller bereits etwas: Das Chaos begann sich zu ordnen. Und – ohne angestrengt danach zu suchen – seine Prioritäten zeichneten sich rasch ab: eine neue Stelle finden und zugleich dafür sorgen, dies alles körperlich und mental durchzustehen. Nur schon die Klarheit »das sind meine beiden Prioritäten« erleichterten Herrn Müller, gaben ihm Mut: Es war nicht so unüberschaubar und unlösbar, wie er gedacht hatte. Man konnte an konkreten Punkten ansetzen. Das war für ihn eine ermutigende Entdeckung. Es gab noch mehr, was wichtig war, doch das stellte er zurück. Man kann in einer solchen Situation nicht alles zugleich lösen; dies führt zu Überforderung und ziellosem, zufälligem Handeln.

Aus den beiden Prioritäten ließ sich das Vorgehen bestimmen: Einerseits konkrete Schritte der Stellensuche definieren und umsetzen. Andererseits bewusst Momente der Distanz, Entspannung und Erholung einplanen. Herr Müller gab sich eine klare Tagesstruktur mit Zeiten für die Stellensuche und Zeiten für Entspannung. Dies erwies sich als sehr hilfreich, wohltuend *und* produktiv. Er hatte jetzt Orientierung. Die klaren Prioritäten und die Tagesstruktur gaben ihm mental und zeitlich Raum, sich auf das zu konzentrieren, was er gerade tat. Wir entwickelten zusammen eine Stellensuchstrategie. Weil er sich Zeiten für Erholung gönnte, hatte er mehr Energie für die Stellensuche und begab sich nicht völlig ausgepumpt in Vorstellungsgespräche. In der Zwischenzeit hatte ihm ein Freund angeboten, vorübergehend bei ihm zu wohnen. Lösungen *ergeben* sich oft, und oft gerade dann, wenn man sie nicht erzwingen will. Herr Müller wurde ruhiger und konnte besser schlafen. Die ganze Erfahrung gab ihm Auftrieb – obwohl noch vieles anstand. Erfreulicherweise fand er bald eine gute Stelle; dies sicherlich auch, weil er sich konzentriert mit der Stellensuche beschäftigt hatte, weil er wusste, was ihm jetzt wichtig war, und weil es ihm gelang, mitten in dieser anspruchsvollen Situation für Entspannung zu sorgen. Dies hatte ihm ermöglicht, klar, ruhig und motiviert aufzutreten; offensichtlich hatte dies den neuen Arbeitgeber überzeugt.

Dieses Vorgehen war für Herrn Müller anfangs sehr ungewohnt. Wie viele Menschen in ähnlichen Situationen war auch er überzeugt, dass er Tag und Nacht angestrengt Probleme lösen müsste. Doch er lernte, dass das Gegenteil zutrifft: Je anspruchsvoller, belastender eine Situation ist, je größer der Druck, desto wichtiger ist es, immer wieder bewusst Zeit und Distanz zu nehmen. Nur so lassen sich in herausfordernden Situationen Energie, Kreativität und Motivation aufbauen und erhalten, die es braucht, um eins ums andere anzupacken.

Herrn Müller war es gelungen, den Wechsel zu vollziehen von fahrigem »Feuerlöschen« zu einem gezielten Vorgehen. Damit löste er nicht alles auf einmal, aber eins ums andere.

Sie können es machen wie Herr Müller. Gleich anschließend erhalten Sie Anregungen, wie Sie vorgehen können.

Die zwei entscheidenden Erfolgsfaktoren

Wenn Sie in einer komplexen Veränderungssituation einen guten (Neu-)Anfang finden wollen, sind zwei Elemente entscheidend:
* *Innehalten und klären: Was sind meine Prioritäten?*

- »Pendeln« zwischen Problemlösung und Entspannung: Wie komme ich ins Tun, ohne mich völlig auszupowern?

→ 1: Innehalten und klären: Was sind meine Prioritäten?

Wenn in Ihrer Lebenssituation vieles ansteht oder wenn sich ein Grundgefühl eingeschlichen hat, »So kann es nicht weitergehen«, ohne dass klar ist, wie Sie beginnen können, dies zu ändern, ist es ganz besonders wichtig, sich *vor* allem Handeln erst Zeit zu nehmen, um Überblick zu gewinnen und Prioritäten zu klären.

Dies schenkt Klarheit im Kopf und befähigt, anschließend umso effektiver vorzugehen; nicht irgendwie, sondern fokussiert.

So können Sie sich Überblick und Klarheit verschaffen:

- **Bringen Sie auf den Punkt: Worum geht es hier?** Oft ist es hilfreich, die »Baustellen« aufzuzeichnen und sich zu jeder einzeln die wichtigsten Stichworte zu notieren: Fakten, Ihre Haltung, Wichtigkeit, bisherige Bewältigungsschritte usw. Welches Bild ergibt sich? Zeigt sich, dass es voneinander unabhängige Herausforderungen sind, für die es in guter Reihenfolge Lösungen zu finden gilt? Wenn Sie z. B. mit Kündigung sowie Krankheitsdiagnose Ihrer Partnerin konfrontiert sind, könnte das heißen: »Für mich geht es darum, dass ich rasch kläre, wie ich die Stellensuche anpacke. Und dass ich zugleich Wege finde, meinen Stress nicht auf meine Partnerin zu übertragen, sondern sie zu unterstützen.« Vielleicht zeichnet sich auch ein Leitthema ab, etwa: »Mir wird klar, dass das Kernproblem die Dauerbelastung am Arbeitsplatz ist. Ich führe Schlafstörungen, Gereiztheit, mangelnder Ausgleich, Vernachlässigung von Kontakten und zunehmende innere Leere darauf zurück. Für mich gilt es im Kern, anders mit dieser Belastung umzugehen.«
- **Bestimmen Sie: Was ist für mich jetzt das Wichtigste?** Was fällt Ihnen spontan ein? Was belastet Sie am meisten? Wo gibt es den dringendsten Handlungsbedarf? In welchem Bereich würde eine Lösung am meisten Entlastung bringen? Was würde diese beinhalten? Wenn

Sie sich mit Ihrer Situation auseinandersetzen, zeichnen sich Prioritäten meist ab. Allenfalls zwingen Fakten diese auf: Eine Krankheitsdiagnose legt nahe, als Erstes eine geeignete Behandlungsstrategie zu finden. Die finanzielle Lage macht es dringend, auf die Stellensuche zu fokussieren.

- **Ein anderer Weg, Prioritäten zu klären: Wie sieht eine Situation aus »ohne das Problem«?** Nicht immer lassen sich Prioritäten ohne Weiteres bestimmen: Vielleicht haben die »Baustellen« für Sie gleich viel Gewicht. Oder es bleibt diffus, worum es geht. Da gibt es noch einen anderen Weg: vom erwünschten Zustand her denken. Fragen Sie sich: Über welche positive Wendung würde ich mich am meisten freuen? Oder: Stellen Sie sich vor, dass sich über Nacht ein Wunder ereignet und sich Ihre Situation zum Guten verändert hat: Wie sieht Ihr Leben dann aus? Was hat sich dann geändert? Meist klärt sich durch solche Blickwechsel, was jetzt Priorität hat. Wenn Ihre Antwort etwa ist, »Dann habe ich keinen Krach mit meinem Partner und mache beruflich, was mir wirklich entspricht.«, wissen Sie, wo Sie ansetzen können.

- **Bestimmen Sie die Reihenfolge Ihrer Prioritäten.** Was kommt zuerst? Was kann warten? Stellen Sie eventuell, wie Herr Müller, bewusst etwas zurück: Ihm war es *auch* wichtig, sich damit zu beschäftigen, wie es zur Trennung hatte kommen können. Aber jetzt war dies nicht erste Priorität. Weitere Prioritäten können sozusagen mental »geparkt« werden; sie werden nicht unter den Tisch gewischt, aber behindern auch nicht bei dem, was als Erstes gelöst werden muss.

Berücksichtigen Sie bei Ihren Erkundungen:

- **Nehmen Sie sich Zeit!** Machen Sie es nicht wie der Holzfäller in dieser Geschichte: *Ein Holzfäller ist daran, einen Baum umzuhauen. Seine Axt ist nicht scharf. Er kommt mühselig und langsamer voran, als er will. Er macht trotzdem weiter. Er muss noch soo viele Bäume fällen! Da kommt ein Wanderer und sieht, wie sich der Holzfäller* *mit der stumpfen Axt abmüht. Er schlägt vor: »Warum schleifst du nicht deine Axt?« Und erhält die Antwort: »Ich habe dazu jetzt keine Zeit – du siehst doch, wie viel Arbeit ich noch habe!«* Sie *haben* Zeit! Je sorgfältiger Sie jetzt vorgehen, desto rascher werden Sie danach vorankommen.

- **Sie brauchen die Lösung(en) noch nicht zu kennen.** Fürs Erste genügt es, Überblick zu schaffen. Antworten auf die Frage »Wo fange ich hier nur an?!« fallen dann oft wie bei Herrn Müller wie reife Äpfel vom Baum. Aus präzise bestimmten Prioritäten lassen sich Schritte bestimmen, die zu Lösungen führen.
- **Machen Sie erst Schritte, wenn Sie ein klares Bild haben.** Je deutlicher ist, was ansteht und was Ihnen in welcher Reihenfolge wichtig ist, desto gezielter können Sie Schritte bestimmen und umsetzen. Es kann allenfalls hilfreich sein, eine vertraute Person zu bitten, gemeinsam Überblick zu schaffen.

In Abbildung 9 finden Sie die obigen Schritte zusammengefasst.

In komplexen Situationen einen guten (Neu-)Anfang finden:

Was sind meine Prioritäten?

- Worum geht es hier? Stehen die aktuellen Herausforderungen unabhängig nebeneinander, oder gibt es ein »Kernthema«, das sich durch alles hindurchzieht?
- Was ist für mich jetzt das Wichtigste? In welchem Bereich würde eine Lösung am meisten Entlastung bringen?
- Wie sieht eine Situation aus »ohne das Problem«? Über welche positive Wendung würde ich mich am meisten freuen?
- Was ist die passende Reihenfolge meiner Prioritäten? (9)

→ 2: »Pendeln« zwischen Problemlösung und Entspannung:
Wie komme ich ins Tun, ohne mich völlig auszupowern?
Wenn Prioritäten klar sind, ist der Moment gekommen, Handlungsschritte zu bestimmen und umzusetzen.

Je anspruchsvoller die Situation, desto wichtiger ist es, nicht nur geeignete Lösungswege zu bestimmen, sondern auch dafür zu sorgen, dass man sich nicht erschöpft. Es ist ein Trugschluss zu meinen, dass man von morgens bis abends am Problemlösen sein müsse. Wenn Sie auf Stellensuche sind, ist es nicht sinnvoll, den ganzen Tag Bewerbungen zu schreiben. Sie können nicht rund um die Uhr konzentriert und effektiv aktiv sein. Viele Untersuchungen, u. a. im Bereich Motivationspsychologie, aber auch Beobachtungen in der Praxis zeigen deutlich, dass Menschen, die Schwieriges erfolgreich bewältigen, sich engagiert einsetzen *und* sich Momente der Erholung gönnen, Dinge stehen lassen, loslassen. Dies hat eine wichtige, gehirnphysiologisch erklärbare Funktion: Durch Entspannen wird die rechte Hirnhälfte aktiviert und damit der Zugang erschlossen zu Intuition, Kreativität, Ideen sowie zum gesamten Erfahrungsschatz, den man im Lauf des Lebens aufgebaut hat. Das heißt: Entspannung verhindert nicht nur Erschöpfung, sondern ist der direkteste Weg zu passenden Lösungen. Sie kennen wohl dieses Phänomen: Sie suchen tagelang vergeblich nach einer Lösung. Sie lassen die Sache stehen, machen einen Spaziergang – und haben die zündende Idee.

Wie Sie vorgehen können:

- **Entwickeln Sie eine Handlungsstrategie: Was ist aufgrund meiner Prioritäten jetzt ein gutes Vorgehen?** Ist es sinnvoll, eine Priorität nach der anderen anzupacken? Oder ist wie bei Herrn Müller eine »Doppelstrategie« besser? Wie können Sie dieser Form geben, ohne sich zu verzetteln oder zu überfordern?
- **Werden Sie konkret: Was sind die einzelnen Schritte, womit ich mich für meine Priorität(en) einsetzen will und kann?** Sammeln Sie in Bezug auf Ihre Priorität(en) Ideen, wie Sie konkret vorgehen können. Welche Möglichkeiten gibt es? Welche Schritte entsprechen Ihnen? Auf welche Erfahrungen, welches Wissen können Sie dabei zurückgreifen? Sammeln Sie in einem ersten Durchgang alle Ideen. Schauen Sie dann, was Sie umsetzen wollen und können. Vielleicht

benötigen Sie erst noch bestimmte Informationen und / oder ist es nützlich, eine Person zu kontaktieren, die mitdenken kann.

- **Bestimmen Sie Maßnahmen zur Entspannung: Wie kann ich am besten Distanz nehmen und entspannen?** Erkunden Sie, was Ihnen hilft, Abstand zu nehmen. Vergegenwärtigen Sie sich, was Ihnen guttut, wie und wo Sie am besten entspannen können, was Ihnen neue Energie schenkt. Welche konkreten Schritte leiten Sie daraus ab?
- **Planen Sie das »Pendeln« zwischen Problemlösung und Entspannung ein: Wie sorge ich dafür, dass ich die nötigen Schritte mache *und* zugleich immer wieder Abstand nehme?** Finden Sie eine geeignete Form, wie Sie *beidem* Rechnung tragen. Es ist empfehlenswert, sich beides einzuplanen und so auch zeitlich abzugrenzen: Sowohl Zeiten, während derer Sie konzentriert an Ihren Prioritäten arbeiten, als auch Zeiten für die Erholung, etwa den morgendlichen Spaziergang oder einen wöchentlichen Saunagang. Machen Sie sich dieses »Pendeln« zur Gewohnheit. Fällt es Ihnen anfangs schwer, sich Auszeiten zu gönnen (»Ich muss doch jetzt …«), sagen Sie sich: »Mein Hirn kann am besten gute Ideen für neue Lösungen finden, wenn ich mich nicht konstant anstrenge.« Sagen Sie dem inneren Skeptiker (»Was soll das?!«): »Mit Entspannen tu ich etwas sehr Wichtiges, um hier vorwärtszukommen.« Sie werden erfahren, dass sich dieses »Pendeln« positiv auf Ihre Befindlichkeit auswirkt und Sie zugleich Ihre Prioritäten konzentrierter und effektiver anpacken.

Berücksichtigen Sie bei diesen Schritten:

- **Bestimmen Sie Lösungsschritte, die passen.** Stellen Sie sicher, dass Sie Schritte, die Sie machen wollen, realistischerweise auch umsetzen können. Brechen Sie zu große Schritte herunter in machbare kleinere. Wagen Sie alternative Schritte, wenn sich etwas nicht umsetzen lässt. Entscheiden Sie sich für Schritte, hinter denen Sie stehen. Wählen Sie ein Tempo, das gut ist für Sie. Wie bei einer langen Bergwanderung: Finden Sie einen Rhythmus, mit dem Sie lange durchhalten. Stürmen Sie nicht drauflos; so verhindern Sie, bei der ersten Steigung außer Atem zu kommen. Nicht Größe und Tempo der Schritte sind bestimmend. Wer in ruhigem, konstantem Tempo viele kleine Schritte macht, kommt oft weiter, als wer in einer Hauruckübung alles sofort ändern will.

- **Finden Sie Entspannungsformen, die Ihnen entsprechen:** Sie brauchen nicht zu meditieren, wenn Ihnen dies fremd ist. Sie müssen sich nicht anstrengen »loszulassen«. Das wird dann nur neuer Stress. Finden Sie Formen des Distanznehmens und der Erholung, die Ihnen leichtfallen, Freude machen, wohltun, Energie geben. Das kann ganz Unterschiedliches sein: Fußball spielen, kochen, Freunde einladen, aufräumen, in der Sonne liegen – alles, was guttut und hilft, zählt!

- **Strukturiertes, systematisches Vorgehen ist hilfreich.** Vielleicht sind Sie ein spontaner Mensch. Das ist natürlich prima. Zugleich ist es in komplexen Veränderungssituationen hilfreich, systematisch vorzugehen. Grenzen Sie die Zeit der Problemlösung ein. Schaffen Sie bewusst Abwechslung. Schaffen Sie sich neue Gewohnheiten: Vielleicht wollen Sie jeden Morgen bestimmen, welche Schritte Sie an diesem Tag machen und welche Entspannungsmomente Sie einbauen. Oder Sie halten regelmäßig (Fort-)Schritte in einem Notizbuch fest, lassen dieses zu Ihrem treuen Begleiter werden.

- **Gehen Sie in Etappen vor.** Unterteilen Sie einen langen Weg in überschaubare Etappen. Nehmen Sie sich regelmäßig Zeit, erneut genau hinzuschauen: Wo stehe ich jetzt? Was hat sich verändert? Verbessert? Was habe ich erreicht? Kann ich so weitermachen, oder ist eine Kurskorrektur angesagt? Nehmen Sie kleine Unterschiede, Erfolge, Fortschritte wahr: Dies ist motivierend und erschließt wichtige Informationen fürs Weitergehen. Nehmen Sie eventuelle Rückschritte und Misserfolge zum Anlass zu klären, ob es sich um eine Durststrecke handelt und es gilt, dranzubleiben, oder ob Sie aufgrund neuer Erfahrungen anders vorgehen sollten.

In Abbildung 10 finden Sie die obigen Schritte zusammengefasst.

In komplexen Situationen einen guten (Neu-)Anfang finden:

Wie komme ich ins Tun, ohne mich völlig auszupowern?

- Was ist aufgrund meiner Prioritäten jetzt ein gutes Vorgehen?
- Was sind konkrete Schritte, die ich machen will und kann?
- Wie kann ich am besten Distanz nehmen und entspannen? Wie plane ich diese Entspannungsmomente ein?
- Wie sorge ich dafür, dass ich die nötigen Schritte mache *und* zugleich immer wieder Abstand nehme? (10)

Wenn Sie jetzt einige Anregungen aufgenommen haben, werden Sie feststellen: Was am Anfang als Tohuwabohu ausgesehen haben mag, als unüberwindbarer Berg an Problemen, lässt sich herunterbrechen in machbare Schritte. Sie werden sehen, dass Überblick schaffen nicht so viel Zeit erfordert, wie Sie vielleicht befürchtet haben. Und Sie werden erfahren, dass Sie jetzt gezielt handeln können.

Ich wünsche, dass Sie damit jetzt eine gute Basis haben, um sich mit der gewonnenen Klarheit und neuer Zuversicht auf den Weg zu machen. Schritt um Schritt. Viel Erfolg!

2 »Alles muss sofort anders werden!«

Alternativen zu impulsiver Flucht aus einer unbefriedigenden Situation

> *»Die Hälfte der Kümmernisse dieses Lebens*
> *kann darauf zurückgeführt werden, dass man zu schnell*
> *ja oder nicht früh genug nein sagte.«*
>
> Josh Billings (1818–1885)
> US-amerikanischer Schriftsteller

In diesem Kapitel geht es um Situationen, in denen Menschen abrupt und radikal etwas verändern, meist, weil sie genug haben von dem, was ist.

Spontaneität, Elan und Bereitschaft, Schritte zu wagen, sind wichtig im Umgang mit Veränderung. Sind sie aber nicht gekoppelt an Ideen, was erreicht werden will, können sie statt zu ersehnter Verbesserung zu Ernüchterung führen.

Wie lässt sich das vermeiden? Wie geht man vor, wenn man sich so sehr wünscht, dass sich eine Situation verändert? Wann gilt es, mutig Schritte zu machen, endlich den Knoten zu lösen? Wo wird dies zur impulsiven Flucht nach vorn?

Im Kern geht es darum, in Situationen, in denen man am liebsten das Leben auf den Kopf stellen würde, ein klares, realistisches Bild eigener Motive und Ziele zu gewinnen. Dies ermöglicht, mit Elan und einer gesunden Portion Risikofreude etwas zu verändern – ohne sich halsbrecherisch ins Abenteuer zu stürzen.

»*Alles muss sofort anders werden!«*
Frau Ott hat ihre Stelle gekündigt. Ohne eine neue zu haben. Sie hatte einfach genug: von der Chefin, die ihre Arbeit nicht wertschätzte, von der Routine, vom Kollegen, der ihr die unangenehme Arbeit zuschob. Sie ist enthusiastisch: »Jetzt wird alles anders!« Sie träumt davon, beruflich etwas Neues zu machen, etwa in eigener Praxis mit Menschen zu arbeiten. Sie stellt es sich schön vor, eigene Chefin zu sein, Zeit selbst einteilen zu können. Nach einer wohltuenden Verschnaufpause macht das Freiheitsgefühl zunehmendem Stress Platz: Frau Ott kommt in finanzielle Engpässe. Und es ist ihr nicht wirklich klar, was sie will. Sie kontaktiert mich.

Vielleicht kennen Sie eine solche Situation aus eigener Erfahrung oder es ist für Sie aktuell ein Thema: Sie haben genug! Am liebsten möchten Sie den Bettel hinwerfen. Und neu anfangen. Oder: In Ihrer Lebenssituation hat sich Routine eingenistet. Sie fragen sich: Ist das alles? Sie erwägen einen Sprung ins Ungewisse. Schließlich muss man doch auch mal was wagen!?

Das kann durchaus gut gehen. Das Phänomen vom reifen Apfel, der vom Baum fällt. Manchmal ist es aber eine Flucht nach vorn, die vom Regen in die Traufe führt.

Um dies zu vermeiden, ist es sehr ratsam, *vor* einem eingreifenden Veränderungsschritt Wichtiges zu klären, wie es in diesem Kapitel beschrieben wird. Allerdings passiert es oft, dass Menschen erst im *Nachhinein* realisieren, wenn abrupte Veränderung keine gute Sache war. Dann hilft nur eines: Im Nachhinein auf die gleiche systematische Weise vorzugehen. Getane Schritte lassen sich zwar selten rückgängig machen, aber man kann jederzeit anfangen, *anders* weiterzugehen. Es ist nie zu spät dazu! Auch wenn dieses Kapitel dazu anregen will, *vor* einem großen Veränderungsschritt gut hinzuschauen, wird es auch all denen Ideen vermitteln, die einen solchen Schritt bereits gemacht haben, ernüchtert sind über die Resultate und wissen wollen: Was jetzt?

Egal, ob *vor* oder *nach* einem großen Veränderungsschritt: Immer ist es nützlich, sich ein klares Bild der Ausgangslage zu machen. Sie können dies anhand der Fragen in Abbildung 11 tun.

Die Ausgangslage klären: Bin ich kurz vor einer radikalen Veränderung?

- Haben Sie das Gefühl, etwas Grundsätzliches in Ihrer Situation ändern zu wollen / zu müssen? Wie kommen Sie darauf?
- Macht ein eingreifender Veränderungsschritt Sinn? Warum?
- Was soll anders / besser werden? Was möchten Sie erreichen?
- Wie wollen Sie vorgehen?
- Wenn Sie bereits einen solchen Schritt gemacht haben: Wie sind Sie vorgegangen? Zu welchen Resultaten hat dies geführt? ⑪

Wenn für Sie aktuell »tief greifende Veränderung« ein Thema ist, finden Sie in Abbildung 12 die wichtigsten Anhaltspunkte, wann es besonders zu empfehlen ist, sich mit Motiven, Sinn und Zweck einer solchen Veränderung auseinanderzusetzen. Vielleicht wollen Sie checken, ob etwas davon auf Ihre Situation zutrifft.

Überprüfen, ob ein tief greifender Veränderungsschritt passt:
Anhaltspunkte, wann genaues Hinschauen angesagt ist

> - Sie wollen primär die aktuelle Situation rasch hinter sich lassen.
> - Sie sind überzeugt, dass alles besser ist als das, was jetzt ist. Sie träumen vom »besseren Gras auf der anderen Seite des Zauns«.
> - Mit Gründen und Motiven, warum Sie Veränderung wollen, setzen Sie sich nicht näher auseinander. Sie haben vielmehr pauschal das Bedürfnis, dass Ihre Situation anders wird, als sie ist.
> - Sie können nicht benennen, was konkret anders / besser werden soll und was Sie dafür tun wollen / können.
> - Sie sprechen enthusiastisch davon, dass alles anders werden wird. Dies fühlt sich aber nicht natürlich an und gibt Ihnen keine Energie. Es ist, als ob Sie sich selbst Mut machen wollen.
> - Mit Gefühlen wie Angst setzen Sie sich nicht auseinander.
> - Sie beschäftigen sich nicht mit möglichen Hindernissen, Risiken und allfälligen Konsequenzen einer radikalen Veränderung.
> - Sie haben bereits einen radikalen Veränderungsschritt gemacht, doch es kommt nicht zur erwünschten Verbesserung. ⑫

In Abbildung 13 ist als Faustregel zusammengefasst, wann Vorsicht geboten ist mit tief greifender Veränderung und es sich lohnt, erst mal die Stopp-Taste zu drücken. Trifft einer der Punkte bei Ihnen zu?

Überprüfen, ob ein eingreifender Veränderungsschritt passt:

>  Faustregel
> Es ist ratsam zu überprüfen, ob ein radikaler Veränderungsschritt wirklich eine gute Sache ist, wenn
> - Gedanken wie »Ich hab genug!«, »Jetzt muss alles anders werden!« bestimmend sind und zu impulsivem Handeln verleiten;
> - es keine oder nur vage Vorstellungen gibt, was stattdessen kommen soll. ⑬

Es ist nichts falsch an Elan und Risikofreude! Aber Veränderung sollte nicht halsbrecherische Flucht nach vorn sein. Ziel sollte es sein, sich mit Elan *und* bewusst für Neues einzusetzen – schlussendlich vielleicht durchaus mit radikalen Schritten.

Dazu ist es nützlich, sich einige Gedanken zu machen, warum gerade jetzt unausweichliche Veränderungen anzustehen scheinen und wo anzusetzen ist, um böses Erwachen zu vermeiden.

Hintergrund und Ansatzpunkt

Wo plötzlich und radikal etwas verändert wird, ist die Triebfeder oft Unzufriedenheit über die aktuelle Lebenssituation bzw. der Wunsch nach einer Situation, die mehr Lebensqualität beinhaltet.

Oft ist es buchstäblich wie eine Feder, die meist über längere Zeit aufgezogen wird. Plötzlich ist die Spannung so groß, dass es zum Sprung kommt: Weg vom Alten und hinein in etwas Neues.

Solche Sprünge gehören zum Leben. Wohl jeder kennt sie. Sie können einen Entwicklungsschub auslösen, und vielleicht sagt man später: »Wie gut, dass ich das gewagt habe!«, »Es war sehr risikoreich, ein bisschen verrückt, aber das Beste, was ich machen konnte!«

Was ist denn schlecht daran, seine Situation radikal zu verändern? Viele Menschen verharren und halten fest an Situationen und Beziehungen, in denen sie unzufrieden oder unglücklich sind; da ist es doch besser, den Sprung in Neues zu wagen?!

Sicher! Aber nicht immer. Oder nicht immer sogleich. Lassen Sie mich dies anhand zweier Beispiele veranschaulichen.

»Herr B., leitender Arzt in einer großen Klinik, ist seit Längerem unzufrieden mit seiner Arbeitsstelle. Es gibt eine große Umstrukturierung; einige Kliniken werden zusammengelegt. Die Kommunikation ist schlecht, die Ungewissheit groß, die Mitarbeiter sind verunsichert und demotiviert, viele kündigen. Herr B. versucht, sein Team bei der Stange zu halten, kommuniziert seinen Vorgesetzten Probleme und Lösungsvorschläge. Einiges ist möglich und wird aufgenommen, vieles nicht. Zugleich setzt *sich Herr B. damit auseinander, wie er beruflich weitergehen möchte, macht eine Weiterbildung und bewirbt sich auf einige Stellen. So geht es längere Zeit. Mitten im Urlaub erhält er ein Telefon von einem befreundeten Arzt, der in Pension geht. Er fragt, ob Herr B. seine Praxis übernehmen wolle. Obwohl Herr B. sich nicht auf eine eigene Praxis ausgerichtet hatte, sieht er, dass er dort vieles einbringen kann, was ihm wichtig ist und Freude macht. Die Sache reizt ihn. Nach einer schlaflosen Nacht sagt er zu.*

» *Frau L. arbeitet im mittleren Management einer Firma. Die Arbeit macht ihr seit Längerem keine Freude mehr. Nach einer Reorganisation hat sie weniger Kompetenzen. Sie muss ihr Team für Projekte gewinnen, hinter denen sie nicht steht. Der Arbeitsdruck wächst. Der Kollege, mit dem sie in einem Projekt zusammenarbeitet, spielt sich immer so auf. Sie ist frustriert. Sie lässt den Gedanken, eine neue Stelle zu suchen, bleiben; der Alltag nimmt sie zu sehr in Anspruch. Sie weiß auch nicht so recht, was sie will; alles wäre besser als das, was ist. Sie beneidet andere, die es besser getroffen zu haben scheinen. Sie fährt in den Urlaub und kann nicht abschalten; das mentale Kreisen um die unbefriedigende Arbeitssituation ist mitgereist. Sie kehrt nach Hause zurück. Und kündigt ihre Stelle.*

Zwei Situationen. Zwei Menschen, die unzufrieden sind mit ihrer Arbeitssituation. Zwei Menschen, die plötzlich eingreifend etwas verändern. Und doch ein Unterschied: Herr B. hatte das ihm Mögliche unternommen, die unbefriedigende Situation zu verbessern. Und er hatte sich mit beruflichen Alternativen auseinandergesetzt, damit, was er sich wünschte, wo seine Interessen und Talente lagen. Auch hier hatte er Schritte unternommen. Schließlich kam es plötzlich und für ihn selbst unerwartet zum Sprung ins Neue. Er wagte diesen Sprung und ging die damit verbundenen Risiken ein, weil er wusste, was ihm wichtig war und weil er hier Möglichkeiten sah, dies zu verwirklichen. Frau L. hingegen hatte in erster Linie Unzufriedenheit aufgestapelt. Ihre Veränderung war ein Sprung aus all dem Unbefriedigenden hinaus. Das kann gut gehen. Doch es kann zur Bruchlandung führen. Weil etwas Wichtiges fehlt: Frau L. hatte keine Ahnung, was sie wollte. Sie flüchtete mit der Sehnsucht, dass alles besser würde.

Daraus erschließt sich, wo in Situationen, in denen ein radikaler Veränderungsschritt lockt, anzusetzen ist: Einerseits bei der Auseinandersetzung damit, wie es kommt, dass man den Bettel hinschmeißen möchte. Nicht immer ist ein radikaler Veränderungsschritt dann die einzige Möglichkeit bzw. Notwendigkeit. Oft ist es möglich, in der Situation selbst Schritte zu unternehmen, die zu Verbesserungen führen. Manchmal gibt es Grenzen, und ein entschlossener Schritt ist das Beste, was man tun kann. Damit ein solcher gelingen kann, ist es sehr vorteilhaft, sich Gedanken gemacht zu haben darüber, was man sich wünscht, was das Neue beinhalten soll und was man unternehmen und dazu beitragen kann, damit Veränderung in die gewünschte Richtung und nicht völlig ins Blaue führt. Sind diese Voraussetzungen gegeben, kann Veränderung wie bei Herrn B. durchaus auch plötzlich und überraschend erfolgen.

In Abbildung 14 ist das Wichtigste zusammengefasst.

Wenn ein eingreifender Veränderungsschritt lockt:

Hintergrund und Ansatzpunkt

☞ Plötzliches eingreifendes Verändern kann natürliche und logische Konsequenz vorangehender Prozesse sein. Es kann aber auch halsbrecherische Flucht nach vorne sein, »Entladung« einer Aufstapelung von Unbefriedigendem oder auch eines inneren Drucks, sich oder anderen etwas zu beweisen.

☞ Ansatzpunkt, Veränderung zu wagen, ohne zu flüchten, ist es, sich möglichst früh mit Änderungswünschen auseinanderzusetzen sowie vor einem impulsiven Schritt Motive und Ziele zu klären. (14)

Es ist *möglich*, Veränderung mit Elan, Risikofreude *und* klarem Kopf anzugehen!

Das Beispiel von Frau Ott, von der ich zu Beginn dieses Kapitels erzählt habe, zeigt, dass sich radikale Veränderung problematisch auswirken kann, wenn sie aus einem Impuls heraus erfolgt. Das weitere Vorgehen von Frau Ott gibt eine Idee, wie *anders* vorgegangen werden kann – auch, wenn Schritte bereits erfolgt sind.

Nach längerer Unzufriedenheit mit der Situation am Arbeitsplatz hatte Frau Ott eines Tages genug und gekündigt. Ihre Ideen von beruflicher Selbständigkeit waren vage und nicht verbunden mit Interesse oder Begeisterung für eine spezifische Tätigkeit. Sie hatte sich weder mit konkreten Möglichkeiten beschäftigt noch mit ihren real vorhandenen Kompetenzen noch mit Konsequenzen, die selbständige Erwerbstätigkeit mit sich bringt. Ihr Motiv war primär »etwas anderes als bisher«. Sie hatte kein realistisches Bild entwickelt, sondern ein Luftschloss gebaut. Luftschlösser haben, wie der Name verrät, die Tendenz, sich in Luft aufzulösen, wenn man danach greift. Statt einer interessanten Tätigkeit als Freiberuflerin stellten sich ein »Kater«, ein finanzieller Engpass und Stress ein. Statt ersehnter Freiheit und Lebensqualität spürte Frau Ott zunehmend Panik, ob sie eine Lösung finden würde. Das blockierte sie; es wollten sich keine guten Ideen einstellen.

Ich schlug Frau Ott vor, uns Zeit zu nehmen, um das zu machen, was sie versäumt hatte: genau hinzuschauen. Und unter die Lupe zu nehmen, wie es zu dieser Situation gekommen war. Zugleich schlug ich ihr vor zu erkunden, was jetzt passende neue Perspektiven sein könnten, die in konkrete Schritte umgesetzt werden könnten. Sie war bereit dazu – der erste wichtige Schritt. Ein Schritt, der gerade impulsiven Menschen nicht leichtfällt.

Das genaue Hinschauen ergab einen klareren Blick auf Muster, die am Arbeitsplatz abgelaufen waren. Einerseits gab es – wie fast an jedem Arbeitsplatz – reale Gegebenheiten, die nicht optimal gewesen waren: Arbeitsabläufe sowie auch die Art, wie kommuniziert worden war. Da es immer wieder solche Situationen geben kann, besprachen wir, wie Frau Ott in Zukunft hier anders vorgehen könnte, als die Faust im Sack zu machen und dann plötzlich das Kind mit dem Bade auszuschütten.

Das genaue Hinschauen ergab auch, dass Frau Ott schon öfters Situationen abrupt verlassen hatte, wenn Dinge nicht nach Wunsch liefen. Wir entwickelten Ideen für alternatives Vorgehen.

Schließlich ging es aber natürlich darum, möglichst rasch zu klären: »Was jetzt?« Die Auseinandersetzung mit beruflichen Erfahrungen, Fähigkeiten, Interessen und Stärken ergab, dass ihr der bisherige Beruf nicht nur gefiel, sondern auch entsprach. Ebenso ergab sich, dass sie eigentlich keine selbständige Erwerbstätigkeit anstreben wollte; sie stellte fest, dass es ihr vor allem um die Freiheit ging, die sie mit einer solchen Tätigkeit verband, dass sie aber die Annehmlichkeiten einer Festanstellung letztlich doch attraktiver fand. Sie entschied sich, im bisherigen Berufsfeld eine Stelle zu suchen, allerdings mit mehr Kompetenzen; eine der Quellen der Unzufriedenheit war auch das Gefühl gewesen, unterfordert zu sein.

Unsere wenigen Gespräche gaben ihr Klarheit, Orientierung und neuen Mut. Und mit demselben Elan, mit dem sie die Stelle gekündigt hatte, machte sie sich jetzt an die Stellensuche. Aber: Sie wusste jetzt, warum sie was tat. Und sie setzte es sich als Ziel, in Zukunft zu üben, genauer hinzuschauen, zuerst in der aktuellen Situation Verbesserungsmöglichkeiten zu nutzen, statt sich zu impulsiven Schritten verleiten zu lassen. Dies mit dem Wissen darum, dass sie jederzeit entscheiden konnte, doch einen radikalen Schritt zu tun, sollte sich dies als gute Option erweisen.

Frau Ott lernte durch diese Erfahrung, dass nichts falsch war mit ihrer Begeisterung, Spontaneität und Risikofreude, dass diese aber zu einem erheblichen Stolperstein werden konnten, wenn sie derart folgenreiche Schritte machte ohne Analyse des Ist-Zustands, ihrer Wünsche und Ziele. Sie war erneut enthusiastisch: Darüber, dass es möglich ist, spontan zu handeln *und* sich mit Gegebenheiten auseinanderzusetzen, ein realistisches Bild zu machen und auf dieser Basis zu entscheiden.

Das war für sie eine wertvolle Entdeckung und Erfahrung. Sie fand bald eine passende Stelle; dies *auch*, weil sie (wieder) wusste, was sie wollte, und dies im Bewerbungsgespräch deutlich machen konnte. Seither übt sie, Unangenehmes anders anzugehen als mit impulsiver Flucht nach vorn.

Obwohl Frau Ott am Anfang zu impulsiv vorgegangen ist, war es also möglich, im Nachhinein die Schritte zu machen, die sie übersprungen hatte.

Im Folgenden erhalten Sie Anregungen, wie Sie von *vornherein* Wichtiges klären. So können Sie unbefriedigenden Situationen mit Elan *und* Klarheit begegnen und entscheiden, ob es in der aktuellen Situation Verbesserungspotential gibt oder ob ein radikaler Schritt angesagt ist. Doch auch, wenn Sie bereits Veränderungsschritte umgesetzt haben und nicht glücklich sind mit dem Resultat, werden Sie Ideen erhalten, wie Sie wie Frau Ott im Nachhinein Wichtiges klären und wieder auf Kurs kommen können.

Die zwei entscheidenden Erfolgsfaktoren

Wenn Sie klären wollen, ob ein tief greifender Veränderungsschritt in Ihrer Situation eine gute Sache ist, sind zwei Elemente entscheidend:

* *Überprüfen:* Warum *will ich etwas verändern? Ist ein radikaler Schritt das Richtige?*
* *Erkunden:* Wohin *will ich und was folgere ich daraus?*

→ 1: Überprüfen: *Warum* will ich etwas verändern? Ist ein radikaler Schritt das Richtige?

Wenn ein eingreifender Veränderungsschritt für Sie ein Thema ist, ist es wichtig, sich zu vergegenwärtigen, was die treibenden Motive sind. Motive oder innere »Antreiber« bestimmen wesentlich unser Handeln; da ist es sehr empfehlenswert zu klären, ob diese Motive helfen, sich *für* etwas einzusetzen, was der eigenen Entwicklung dient, oder ob sie zu einem Handeln veranlassen, das ohne klare Vorstellungen primär *gegen* aktuelle Umstände gerichtet ist.

Indem Sie Ihre Motive klären, sind Sie in der Lage, die Führung über Ihr Entscheiden und Handeln zu übernehmen – statt sich allenfalls von inneren Antreibern zu etwas aufhetzen zu lassen, was Sie später möglicherweise bereuen. Auf dieser Basis können Sie bewusst entscheiden, ob ein radikaler Veränderungsschritt das für Sie jetzt Richtige ist – oder ob andere Wege geeigneter sind.

Wie Sie Ihre Beweggründe in den Blick bekommen und entscheiden können, ob ein radikales Vorgehen passt:

- **Erkunden Sie:** *Warum* **will ich (radikal) etwas verändern?** Wie erklären Sie einer anderen Person in ein, zwei Sätzen, dass ein solcher Schritt jetzt nötig bzw. sinnvoll ist? Was sind Ihre Überlegungen, Argumente, Motive? Was ist der wichtigste »Antreiber« zu einem radikalen Veränderungsschritt?

- **Klären Sie:** *Was* **soll verändert bzw. verbessert werden?** Was genau soll anders werden, als es jetzt ist? Schauen Sie sich Ihre aktuelle Situation an: Was ist es konkret, was Sie sich anders, besser wünschen? Was genau stört Sie? Welche Fakten spielen eine wichtige Rolle? Was wollen Sie mit einem radikalen Veränderungsschritt erreichen?

- **Bringen Sie auf den Punkt: Geht es mir primär darum,** *gegen* **aktuelle Umstände vorzugehen, oder darum, mich** *für* **eine neue erstrebenswerte Situation einzusetzen?** Wollen Sie in erster Linie etwas *hinter* sich lassen? Etwa eine Arbeitsstelle, in der Sie sich nicht mehr entwickeln können, die ewigen Streitereien in Ihrer Partnerschaft, die kleine Wohnung? Oder ist Ihre primäre Treibfeder, sich *für* ein bestimmtes Ziel einzusetzen? Etwa einen Berufstraum, den Sie schon lange hegen? Einen Auslandsaufenthalt, den Sie sich schon lange wünschen?

- **Überprüfen Sie Ihre »Antreiber«: Beziehen sich diese auf Fakten, die »stimmen«?** Wenn Sie etwa frustriert Ihre Stelle kündigen wollen, weil Sie überzeugt sind, bei der Beförderung übergangen worden zu sein: An welchen Fakten können Sie dies festmachen? Haben Sie Ihrem Vorgesetzten Signale, Anlass und Argumente gegeben,

Sie zu befördern? Oder haben Sie im Stillen gehofft? Oder wenn Sie überzeugt sind, »alles Neue kann nur besser sein!«: Mit welchen Vorstellungen ist dies verbunden? Welche Fakten sprechen dafür, dass stimmt, was Sie denken?

- **Erkunden Sie: Helfen meine Motive, wichtige persönliche Ziele zu erreichen?** Sind Ihre Motive darauf gerichtet, dass Sie sich persönlich entwickeln können? Oder sind sie mehr auf Umstände und Personen gerichtet, etwa, dass Sie Ihrer Umgebung mit einem radikalen Schritt einen Denkzettel verpassen wollen?

- **Finden Sie Ihre Antwort: Passt ein radikaler Veränderungsschritt?** Vielleicht haben Sie bereits alles Erdenkliche unternommen, um Verbesserungen in der Situation zu erzielen, die Sie verändern wollen – ohne befriedigende Resultate. Hier kann ein radikaler Veränderungsschritt nicht nur sinnvoll, sondern sogar die einzige Möglichkeit sein, wollen Sie Ihre Entwicklung und Lebensqualität nicht gefährden. Oder: Sie haben noch nicht versucht, innerhalb der bestehenden Situation Verbesserungen zu erzielen. Sie kommen jetzt zum Schluss, dass Sie doch erst ausloten wollen, was möglich ist. Oder: Sie stellen fest, dass es primär Gefühle wie Überdruss und Ärger sind, die Sie zu einem radikalen Schritt veranlassen. Sie entscheiden, erst genauer zu klären, was Sie mit einem Veränderungsschritt *erreichen* wollen. Was ist *Ihre* Antwort?

Berücksichtigen Sie bei Ihren Erkundungen:

- **Die Kernfrage lautet: Sind Ihre Motive für Veränderung förderlich – dienen sie Ihrer Entwicklung?** Dies ist bei Motiven der Fall, die Sie befähigen, neue Situationen zu erreichen, die besser sind als die, die Sie hinter sich lassen wollen. Solche Motive sind verbunden mit Zielen, die Ihnen wichtig sind, entsprechen, Energie geben und für die Sie sich gerne einsetzen. Beispielsweise: »Ich möchte meine Begeisterung für Musik beruflich umsetzen. Daher will ich jetzt eine entsprechende Tätigkeit finden.« Oder: »Mir ist es wichtig, Zeit zu haben für meine Familie. Daher will ich einige meiner bisherigen

Engagements aufgeben.« Oder: »Ich bin sehr motiviert, Karriere zu machen. Daher will ich jetzt diese Chance eines Auslandseinsatzes nutzen.« Förderliche Motive sind begleitet von positiven Gefühlen, Energie und Entschlossenheit, sich für Neues einzusetzen.

- **Erkennen Sie hinderliche Motive.** Hinderliche »Antreiber« hinsichtlich Veränderung sind daran zu erkennen, dass sie primär *gegen* Umstände und Personen gerichtet sowie häufig begleitet sind von Ungeduld, Unzufriedenheit, Überdruss, Frustration, Ärger oder Erwartungen an andere. Hier ist es besonders ratsam, genau hinzuschauen. Motive wie »Ich habe genug, jetzt muss ich sofort etwas ändern!« oder »Mein Partner ärgert mich; ich geh!« oder »Mein Gehalt ist viel zu niedrig, das lass ich mir nicht länger bieten!« oder »Mein Vorgesetzter sieht nicht, was er an mir hat; wenn ich kündige, wird er noch erwachen!« sind schlechte Ratgeber für einen erfolgreichen Neuanfang, besonders, wenn es nicht zusätzlich motivierende, klare und realistische Vorstellungen gibt, was *anstelle* dieses Unbefriedigenden kommen soll und mit welchen konkreten Schritten dies erreicht werden kann.

- **Es gibt nicht** *die* **»richtige« Antwort, ob ein radikaler Veränderungsschritt »passt«.** Es gibt nur Ihre eigene Antwort. Sie müssen niemandem Rechenschaft ablegen. Es geht darum, dass Sie eine Antwort finden, zu der Sie sich bewusst entscheiden und hinter der Sie stehen. Und dass Sie sich nicht von Motiven zu einer Veränderung verleiten lassen, die Ihrer Entwicklung nicht zugutekommt, dieser vielleicht sogar schadet.

In Abbildung 15 sind die obigen Schritte zusammengefasst.

Mutig *und* klar Veränderung wagen:
***Warum* will ich (radikal) etwas verändern?**

- Was sind meine wichtigsten Motive, jetzt etwas zu verändern?
- Was soll verändert bzw. verbessert werden?
- Worum geht es mir primär: *Gegen* aktuelle Umstände vorzugehen oder mich *für* das Erreichen einer neuen Situation einzusetzen?
- Beziehen sich meine Motive auf Fakten, die »stimmen«?
- Helfen meine Motive, wichtige persönliche Ziele zu erreichen?
- Passt ein radikaler Veränderungsschritt?

→ 2: Erkunden: *Wohin* will ich und was folgere ich daraus?
Damit Veränderungsschritte nicht nur aus einer Situation *hinaus-*, sondern auch in eine gute neue Situation *hinein*führen, ist es wichtig, dass Sie klare und realistische Vorstellungen entwickeln, *wohin* Sie gelangen wollen: dass Sie einen »motivierenden Horizont« entwickeln, auf den Sie Kurs nehmen.

Die *Kombination* von bewusster Entscheidung, etwas hinter sich zu lassen, *und* entschlossenen, Kurs nehmen auf einen »motivierenden Horizont« ist die Grundlage, auf der (eingreifende) Veränderung zu erfreulichen Resultaten führt.

Wie Sie vorgehen können:

- **Richten Sie Ihren Blick nach vorne: Was ist mein »motivierender Horizont«?** Wozu lohnt es sich, einen großen Veränderungsschritt zu wagen? Wie sieht eine neue Situation aus, die Sie erreichen wollen? Was ist Ihnen wichtig? Wann werden Sie sagen: »Ich bin froh, dass ich diesen Schritt gewagt habe!«? Lassen Sie diese Vorstellung so lebendig und konkret wie möglich werden. Wenn Sie sich beispielsweise von Ihrem Partner trennen wollen: Wie sieht eine neue Lebenssituation aus, in der Sie »in Ihrem Element« sind? Wo und wie leben Sie dann? Wie sieht Ihr Alltag aus? Wie fühlen Sie sich?

- **Klären Sie: Welche konkreten Schritte kann ich in diese Richtung umsetzen?** Welche Möglichkeiten gibt es? Vielleicht möchten Sie sich alle Ideen, die Sie haben, notieren. Wo wollen Sie anfangen? Welche Erfahrungen, welches Know-how können Sie dabei nutzen? Welche Personen wollen Sie allenfalls kontaktieren? Was sind jetzt sinnvolle erste Schritte?

- **Erkunden Sie: Was sind Chancen und Risiken?** Die Auseinandersetzung mit Chancen, Vorteilen, aber auch möglichen Risiken und Nachteilen Ihres Veränderungsvorhabens schafft Klarheit, baut Angst ab und festigt Ihre Entscheidung. Was können Sie gewinnen, wenn Sie jetzt machen, was Sie machen wollen? Was wäre das Schlimmste, was passieren könnte? Würden Sie dann jetzt immer noch so entscheiden? Überlegen Sie sich, wie Sie dann vorgehen könnten.

- **Halten Sie fest: Was will / muss ich allenfalls noch besser abklären?** Vielleicht sind zusätzliche Abklärungen nötig: Kann ich mir eine Wohnung leisten am Ort, wo ich hinziehen will? Sie informieren sich noch genauer und erstellen ein Budget. Wo werde ich die erste Zeit nach der Trennung leben? Sie sammeln mit einer Freundin Ideen. Ist es realistisch, eine Stelle in diesem Bereich zu suchen? Sie sprechen mit einer Person, die sich in diesem Teil des Arbeitsmarktes auskennt.

- **Bringen Sie auf den Punkt: Was folgere und entscheide ich?** Sind Sie jetzt erst recht entschlossen, den Sprung zu wagen – weil deutlich geworden ist, dass Sie ein motivierendes, klares Bild haben, wohin Sie gelangen möchten, und weil unter dem Strich alles dafür spricht, in diese Richtung aufzubrechen? Oder stellen Sie fest, dass noch zu vieles unklar ist oder Sie nicht entschlossen sind, die mit diesem Schritt verbundenen Risiken einzugehen, allfällige Nachteile und Verzicht in Kauf zu nehmen? Macht die Entscheidung zu einem großen Veränderungsschritt jetzt Sinn? Oder haben sich alternative Vorgehensweisen abgezeichnet, die Sie erst noch umsetzen wollen?

Berücksichtigen Sie bei diesen Schritten:

- **Ein »motivierender Horizont« hat immer zu tun mit dem, was Ihnen wirklich entspricht.** Es muss konkret benennbare Bezüge geben zu Eigenschaften, Interessen, Fähigkeiten, Werten, die charakteristisch sind für Sie. Entwickeln Sie nicht Vorstellungen in Orientierung daran, was Sie bei anderen bewundern oder wovon Sie sich Erleichterung, Erfolg oder Status versprechen. Bitten Sie allenfalls eine nahestehende Person um ein Feedback.
- **Ein »motivierender Horizont« bietet Aussicht auf Realisierbarkeit.** Es muss Anhaltspunkte geben, dass Sie Ihre Ziele erreichen können. Wenn Ihr Ziel etwa mit der Erfüllung eines Berufstraums verbunden ist, muss dieser Beruf Sie nicht »irgendwie« reizen; es muss Anhaltspunkte geben, dass diese Tätigkeit zu Ihnen passt und im Bereich des Erreichbaren liegt – etwa, weil diese Tätigkeit anknüpft an bisherige Interessen, Erfahrungen und/oder weil Ihre Motivation besonders ausgeprägt ist, sich mit allen Konsequenzen dafür einzusetzen.

In Abbildung 16 finden Sie die obigen Schritte zusammengefasst.

Mutig *und* klar Veränderung wagen: *Wohin* will ich?

- Was ist mein »motivierender Horizont«?
- Welche konkreten Schritte kann ich in diese Richtung umsetzen?
- Was sind Chancen und Risiken?
- Was will/muss ich allenfalls noch besser abklären? Was folgere und entscheide ich? (16)

Wenn Sie jetzt Klarheit gewonnen haben, *warum* Sie Ihre Situation verändern, und auch, *wohin* Sie gelangen möchten, haben Sie eine solide Basis für eine passende Entscheidung, was jetzt ein gutes Vorgehen ist. Sie können sich dann mit Elan, Mut *und* Klarheit auf den Weg machen. Und mit realistischer Aussicht auf Erfolg. Wenn diese Klarheit fehlt, ist es sehr ratsam, sich zu fragen, ob jetzt ein großer Veränderungsschritt wirklich eine gute Sache ist. Gehen Sie zumindest nochmals in sich und klären Sie, ob Sie bereit sind, eventuelle negative Konsequenzen in Kauf zu nehmen.

Ich wünsche Ihnen die nötige Geduld, Ehrlichkeit mit sich selbst und Intuition, um eine passende Entscheidung zu treffen.

3 »Das Leben ist doch kein Wunschkonzert!«
Lebensorientierungen, die Ausrichtung auf Erfolg verhindern, ändern

> »Die meisten Menschen sind so glücklich,
> wie sie es sich selbst vorgenommen haben.«
>
> Abraham Lincoln (1809–1865)
> 16. Präsident der Vereinigten Staaten von Amerika

In diesem Kapitel geht es um Grundhaltungen dem Leben gegenüber, welche einen produktiven Umgang mit Veränderung verhindern. Wer etwa das Leben als schwere Last sieht oder Erfolg abwertet, peilt kaum erstrebenswerte, motivierende Ziele an. Und erschwert sich damit die Erfahrung, Erfreuliches erreichen zu können.

Die »Lebensorientierung«, wie ich dies nenne – die für uns charakteristischen Anschauungen und Überzeugungen –, bestimmt weitgehend, wie wir Situationen begegnen und ist damit auch entscheidend für den Umgang mit Veränderung.

Wie geht man vor, wenn man Veränderung angehen will oder muss, aber bezweifelt, dass im eigenen Leben Raum ist für Erfolg, Lebensqualität und -freude?

Im Kern geht es darum zu erkennen, wenn Grundanschauungen es verhindern, auf Möglichkeiten und Lösungen zu fokussieren. Und zu realisieren, dass Anschauungen auch geändert und so die Bremsen gelöst werden können, die das Vorwärtskommen blockieren.

»Das Leben ist doch kein Wunschkonzert!«

Herr Pfister muss eine neue Arbeitsstelle finden. Ich begleite ihn dabei. Im Erstgespräch stelle ich die Frage: »Wenn es ganz nach Ihren Wünschen ginge: Wo würden Sie dann arbeiten? Wie sieht eine Stelle aus, an der Sie ›in Ihrem Element‹ sind und die voll und ganz Ihren Vorstellungen entspricht?« Herr Pfister schaut mich irritiert an. Und antwortet: »Also, ich habe doch nichts zu wünschen. Das Leben ist doch kein Wunschkonzert!« Er spricht mit Nachdruck, es klingt fast böse – als sei es eine Anmaßung, dass ich eine solche Frage stelle.

Nicht wenige Menschen ziehen mit der Überzeugung durchs Leben, nichts zu wünschen zu haben. Sie sehen ihre Möglichkeiten beschränkt. Sie leiden etwa an Beziehungen, die ihnen nicht guttun, doch unternehmen nichts, dies zu ändern: »Die perfekte Beziehung gibt es nicht.« Oder sie quälen sich lustlos durch den Alltag; wenn ein Freund wohlgemeint anregt: »Mach doch, was dir Freude macht, dann geht es dir besser!«, reagieren sie gereizt, tun dies als oberflächlich ab und sagen: »Du hast leicht reden. Das Leben ist nicht so einfach.«

Anhand der Fragen in Abbildung 17 können Sie klären, ob Sie es allenfalls mit diesem Stolperstein zu tun haben.

Die Ausgangslage klären:
Erlaubt meine Lebensorientierung Ausrichtung auf Erfolg?

- Halten Sie es für wichtig, legitim und möglich, sich für Ziele einzusetzen, die für Sie attraktiv sind?
- Gibt es Sicht- und Denkweisen, die dem entgegenstehen und Sie veranlassen, Veränderung abzulehnen oder nicht zu wagen?
- Um welche Anschauungen, Überzeugungen, Glaubenssätze handelt es sich dann konkret?
- Wie sind Sie bisher aufgrund dieser Orientierungen Veränderung angegangen? Wie war das Resultat?

(17)

In Abbildung 18 finden Sie Anhaltspunkte, wann die Beschäftigung mit der Lebensorientierung fürs Weiterkommen entscheidend ist. Vielleicht wollen Sie diese Punkte durchchecken.

Die Lebensorientierung unter die Lupe nehmen:
Anhaltspunkte, wann dies entscheidend ist

- Sie vermeiden aufgrund immer ähnlicher Sicht- und Denkweisen Veränderung oder lassen diese ungewollt über sich ergehen.
- Sie wünschen sich Veränderung, gestehen sich aber nicht zu, entsprechende Schritte zu wagen.

Es sind Sicht- und Denkweisen im Spiel wie:

- »Ich glaube nicht, dass sich meine Situation (Arbeit, Beziehung, Gesundheit, Finanzen, Lebensqualität usw.) verbessern kann.«
- »Bei mir ist kein Raum für Begeisterung, Freude, Leichtigkeit.«
- »Ich kann nicht beeinflussen, wie sich mein Leben entwickelt.«
- »Man darf keine Ansprüche haben.«
- »Ausrichtung auf Erfolg, Erfüllung, Lebensfreude ist verwerflich.«
- »Sei zufrieden mit dem, was du hast.«
- »Attraktive Ziele entwickeln und verfolgen ist egoistisch.«
- »Es darf einem nicht einfach gut gehen.«
- »Das Leben ist nun mal so (hart, leidvoll, schwierig usw.)!« (18)

In Abbildung 19 ist als Faustregel zusammengefasst, wann die Lebensorientierung unter die Lupe zu nehmen ist, um Erfreuliches erreichen zu können. Trifft einer der Punkte bei Ihnen zu?

Die Lebensorientierung unter die Lupe nehmen:

> ☞ Faustregel
>
> Sich mit seiner Lebensorientierung zu beschäftigen ist wichtig, wenn
>
> - Sie es sich nicht vorstellen können, nicht zugestehen oder es ablehnen, sich für wichtige Lebensziele einzusetzen;
> - Ihr Leben freudlos ist und zu wünschen übrig lässt. ⑲

Die Beschäftigung mit der Lebensorientierung hat zum Ziel zu erkennen, wenn Anschauungen und Überzeugungen produktives Verändern verunmöglichen. Dies ist die Basis, um gegebenenfalls einen neuen Kurs einzuschlagen.

Dazu ist es wichtig zu verstehen, dass Lebensorientierungen geändert werden können und wo dabei anzusetzen ist.

Hintergrund und Ansatzpunkt

Ganz aus der Vogelperspektive gesehen gibt es zwei Typen von Menschen: Menschen, die sich immer an Möglichkeiten orientieren, und Menschen, die sich an Schwierigkeiten orientieren. Dazu zwei Beispiele.

»Herr A., Ende dreißig, ist konfrontiert mit der Diagnose einer sehr *eingreifenden chronischen und unheilbaren Krankheit. Nach einiger Zeit muss er seine Berufstätigkeit aufgeben. Beides ist begreiflicherweise schwer. Herr A. nimmt sich die nötige Zeit. Er will alles wissen über die Krankheit. Er blendet das Schwere nicht aus. Zu gegebener Zeit akzeptiert er die neue Ausgangslage. Und tut, was er auch in anderen Situationen tut: Er orientiert sich an dem, was jetzt möglich ist. Er sucht und findet Aktivitäten, die ihm Lebensqualität schenken. Er entdeckt Landschaftsfotografie. Die Möglichkeiten digitaler Fotografie faszinieren ihn. Die Natur tut ihm gut. Er erreicht ein professionelles Niveau, hält Vorträge, geht auf Reisen. Er schreibt mir:* »Ich habe das Glück, dass sich in meinem ganzen Leben immer irgendwo ein Türchen öffnete, wenn ich* *eines brauchte. Dahinter steckt zwar viel Arbeit, aber die Freude an der Sache und wenn ich dies auch noch mit anderen teilen darf, gibt mir die Kraft dazu.«*

»*Herr P., Ende vierzig, gut ausgebildet, talentiert, an seiner Arbeitsstelle geschätzt, schleppt sich durchs Leben. Alles scheint schwer und anstrengend: die Arbeit, die Kunden, das Leben. Herr P. leidet am Negativen, Ungerechten in der Welt. Er macht sich viele Sorgen. Er teilt dies mit seiner Frau und dem Freundeskreis. Leichter wird das Leben so nicht. Herr P. ist oft müde. Auf den Vorschlag, Ideen zu sammeln, wie er vorgehen könnte, damit Energie und Freude ins Leben zurückkommen, meint er ablehnend: »So einfach ist das nicht.« Und setzt nach: »Das Leben ist nicht eitel Freude.«*

Wie geht es Ihnen, wenn Sie diese zwei Geschichten auf sich wirken lassen? Wohl wie es den beiden Männern selbst geht: Der eine erhält Energie aus seinen Orientierungen und findet neue gute Wege, der andere verliert Energie und verstrickt sich in sich selbst.

Wie kommt es, dass sich Menschen wie Herr A. auch in sehr schwierigen Situationen auf Möglichkeiten ausrichten und diese auch immer wieder finden, während andere sich durchs Leben schleppen und es auch tatsächlich schwer zu haben scheinen? Wie kommt es zu förderlichen oder hinderlichen Lebensorientierungen? Nicht durch Schicksal, Glück oder Pech! Lebensorientierungen entwickeln sich ab früher Kindheit in einem kontinuierlichen Prozess und festigen sich mit der Zeit. Teils sind sie in der Persönlichkeit angelegt: Man hat von Natur aus die Tendenz, allem etwas Positives abzugewinnen bzw. zu zweifeln und Dinge schwer zu nehmen. Teils werden sie geprägt durch Werte und Normen: Wer in einem Umfeld aufwächst, in dem es Träume geben darf und davon ausgegangen wird, dass es immer wieder Lösungen gibt, wenn Schwieriges zu meistern ist, wird eher diese Haltung entwickeln als jemand, in dessen Umgebung es verpönt oder zumindest suspekt ist, glücklich zu sein, und Hilflosigkeit und Ohnmacht gepflegt werden. Weiter ist der Umgang mit Erfahrungen wichtig: Wer z. B. als Kind spontan äußert, später erfolgreich sein zu wollen, und dafür gerügt oder ausgelacht wird, kann durch diese Erfahrung erst recht motiviert sein, seine Träume zu verfolgen – oder gibt auf bzw. verbietet sich dies.

Die meisten Menschen lassen sich von ihren Anschauungen leiten, ohne dass ihnen dies bewusst ist. Sie identifizieren sich mit ihrer Lebensorientierung, stellen diese nicht infrage. Sie können sich nicht vorstellen, dem Leben anders zu begegnen, als sie es tun.

In Veränderungssituationen werden hinderliche Lebensauffassungen zum eigentlichen Problem; erfolgreiche Veränderung wird im Keim erstickt. Wer solche Anschauungen – etwa, dass das Leben Leiden und Schuften, ein erfülltes Leben unrealistisch, egoistisch oder suspekt ist – nicht erkennt und ändert, kann keine positive Wendungen erwarten. Er oder sie wird kaum neue Möglichkeiten suchen, motivierende Perspektiven entwickeln und Energie sammeln, um sich für attraktive Ziele einzusetzen und Schwieriges zu meistern. So jemand bleibt vielmehr meist gefangen im Drehen um Probleme und Unmöglichkeiten. Statt dass Veränderung produktiv angegangen wird, stapelt sich Unangenehmes. Dies wird dann häufig als Bestätigung gesehen: »Ich hab's ja gesagt: Im Leben gibt es nicht viel zu lachen.«

Die gute Nachricht: Man braucht nicht bei den gewohnten Auffassungen zu bleiben, wenn sich diese als Bremsklotz erweisen. Man kann den »Lebenskompass« neu ausrichten! Von dem, was immer schwierig ist oder nicht sein darf, zu dem, was machbar und reizvoll ist, Energie und Freude gibt. Dazu ist es entscheidend, sich ehrlich die Frage zu beantworten: Ermöglichen mir meine Sicht- und Denkweisen, hier Lösungen zu finden? Und es gilt, vier Dinge zu realisieren.

1. Anschauungen sind nicht *die* Wirklichkeit, sondern *eine* Möglichkeit, Wirklichkeit wahrzunehmen. Das berühmte Glas ist halb leer *und* halb voll. Entscheidend ist, worauf man fokussiert.

2. Es ist eine *Entscheidung*, das Leben als farbig und voller Möglichkeiten oder als düster und schwer zu sehen.

3. Wer das versteht und akzeptiert, kann lernen, seine Aufmerksamkeit bewusst zu lenken und neue Anschauungen zu entwickeln. Wenn man lernen kann, die Aufmerksamkeit auf das halb leere Glas zu richten, kann man auch lernen, die Aufmerksamkeit auf das halb volle Glas zu richten.

4. Hier beginnt die Arbeit: Eingespielte Sicht- und Denkweisen verschwinden nicht über Nacht. Es ist unrealistisch zu erwarten, von einem Tag auf den anderen von einem Pessimisten in einen Optimisten zu mutieren. Das Angewöhnen neuer Anschauungen erfordert Ausdauer, Übung, Zeit und die Entscheidung: Ich *will* hinderliche Anschauungen hinter mir lassen und neue, förderliche entwickeln. Aufgrund dieser Entscheidung kann man anfangen, sich neu auszurichten, in der Folge anders zu handeln und so neue Resultate zu erzielen.

Diese Entscheidung muss jeder für sich selbst treffen. Wer sich entscheidet, eine gut gefüllte Werkzeugkiste nicht zu öffnen, wird mit den Werkzeugen nicht umgehen lernen und schöne Dinge bauen können. Hier kann ich nur ermuntern, sich zu fragen: Warum bin ich so sicher, dass meine Anschauungen die einzig möglichen sind? Wie komme ich darauf, dass meine lebensanschaulichen, gesellschaftlichen, politischen oder religiösen Auffassungen stimmen und unverrückbar sind? Will ich wirklich dabei bleiben?

Wenn Menschen realisieren, wo sie sich mit Anschauungen in ihrer Entwicklung behindern, ist ein entscheidender Schritt getan: Die Basis ist gelegt, den »Lebenskompass« neu auszurichten und damit die Bremse zu lösen, die produktives Verändern blockiert.

In Abbildung 20 ist das Wichtigste zusammengefasst.

Wenn die Lebensorientierung Veränderung blockiert:

Hintergrund und Ansatzpunkt

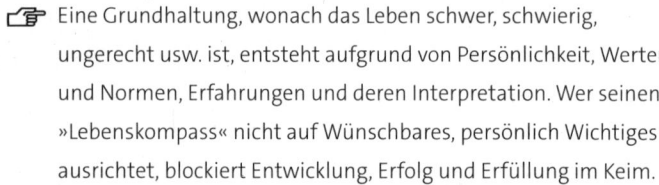

☞ Eine Grundhaltung, wonach das Leben schwer, schwierig, ungerecht usw. ist, entsteht aufgrund von Persönlichkeit, Werten und Normen, Erfahrungen und deren Interpretation. Wer seinen »Lebenskompass« nicht auf Wünschbares, persönlich Wichtiges ausrichtet, blockiert Entwicklung, Erfolg und Erfüllung im Keim.

☞ Ansatzpunkt ist zu realisieren, dass der »Lebenskompass« neu ausgerichtet werden kann. Dies erfordert die Entscheidung und Bereitschaft, förderliche Anschauungen einzuüben.

Es ist *möglich*, Orientierungen zu ändern!

Die Reaktion von Herrn Pfister, von dem eingangs im Kapitel die Rede war, auf meine Frage, wie er sich eine attraktive Arbeitssituation vorstelle, zeigt, wie Anschauungen Veränderung blockieren: Herr Pfister war überzeugt, nichts zu wünschen zu haben. So kam er auch gar nicht auf die Idee, sich damit zu beschäftigen, welche Art Stelle für ihn interessant sein könnte. Dies verteidigte er als »realistisch«; man müsse doch froh sein, überhaupt Arbeit zu finden.

Immerhin ließ er sich aufs Gespräch ein. Bei Menschen mit destruktiven Lebensorientierungen ist dies nicht selbstverständlich. Oft beharren sie auf ihre Anschauungen, verteidigen diese vehement und virtuos mit Sätzen wie »Es *ist* doch so, dass … (es schwer ist, keine Wahl gibt, erfolgreiche bessere Voraussetzungen haben usw.)«.

Ich regte Herrn Pfister zum Nachdenken an: »Stellen Sie sich vor, Sie bewerben sich als eine von 100 Personen auf eine Stelle. Zehn dieser Personen vermitteln im Bewerbungsschreiben motiviert, warum sie die Aufgabe reizt, welche spezifischen Fähigkeiten und Erfahrungen sie dafür mitbringen, warum die Firma sie interessiert und weshalb sie sich in diesem Bereich weiterentwickeln möchten. Die neunzig anderen Personen denken wie Sie ›Ich habe nichts zu wünschen.‹ und schreiben einen entsprechenden Brief. Wenn Sie Personalverantwortlicher wären: Wen würden Sie zum Gespräch einladen?« So hatte Herr Pfister die Sache noch nicht betrachtet. Dieser Blickwechsel bewirkte, dass er bereit war, seine Überzeugungen unter die Lupe zu nehmen. Es zeigte sich, dass sein »Das Leben ist doch kein Wunschkonzert« nicht nur die Stellensuche bestimmte; es war seine Lebenshaltung. Wir unterhielten uns, welche Erfahrungen er damit machte. Schlechte. Sein Leben war freudlos, anstrengend, unbefriedigend. Ohne dass wir endlos darüber sprachen – dazu gab es auch keine Zeit –, bewirkte unser Austausch, dass Herr Pfister realisierte, wie er sich mit seinen Auffassungen behinderte. Er begann sich dafür zu interessieren, wie er dies ändern konnte. Da ich ihn mit meinen Fragen ins Nachdenken gebracht und überzeugt hatte, öffnete er sich für die Auseinandersetzung, wie eine gute neue Stelle aussehen könnte. Wir erkundeten seine Erfahrungen, Stärken, Interessen. Er war erstaunt, wie viel zum Vorschein kam und dass ihm diese Auseinandersetzung Energie gab! Neben Schritten der Stellensuche, die wir festlegten, ermunterte ich ihn, im Alltag seine Sicht- und Denkweisen sowie deren Auswirkung auf Stimmung und Handeln zu beobachten. Er erkannte, dass seine lebensfeindlichen Anschauungen negative Gefühle auslösten und nicht zum Handeln motivierten. Wir entwickelten Ideen, wie er solchen Anschauungen die Macht über Gefühle und Handeln entziehen konnte. Ich regte ihn an, Ideen zu sammeln, was hilfreichere Anschauungen waren. Er ließ sich darauf ein.

Obwohl die alten Anschauungen regelmäßig zurückkamen – das ist nicht erstaunlich, sie waren schließlich ein Leben lang gepflegt worden –, fing Herr Pfister an, anders damit umzugehen. Es gab zunehmend Momente, in denen es ihm gelang, Anschauungen zu aktivieren, die ihm ermöglichten, die Stellensuche produktiv anzugehen. Das wirkte sich positiv aus. Weil er sich mit seinen Kompetenzen zu beschäftigen begonnen hatte, wusste er besser, welche Art Stelle ihm entsprach, und konnte klarere Bewerbungsschreiben verfassen. Es kam zu Vorstellungsgesprächen. Das gab ihm Auftrieb. Weil er seine Aufmerksamkeit auf seine Wünsche und Stärken zu richten begonnen hatte, trat er motivierter, positiver, bestimmter auf. Immer häufiger kam er in die engste Auswahl. Diese Erfahrungen waren Nahrung für den begonnenen Prozess; er hatte nicht nur realisiert, wie stark die eigene Lebensorientierung sein Denken, Fühlen und Handeln beeinflusste; er *erfuhr* zunehmend, dass die Bereitschaft, neue Sichtweisen zu entwickeln, zu handfesten positiven Resultaten führte.

Sie können es machen wie Herr Pfister. Gleich hier erhalten Sie Anregungen, wie Sie vorgehen können.

Die zwei entscheidenden Erfolgsfaktoren

Wenn eingespielte Denkmuster verhindern, in einer Veränderungssituation Kurs auf attraktive Ziele zu nehmen, dann können Sie dies durch die Beschäftigung mit zwei Themen ändern:

- *Erkennen: Welche Auffassungen verhindern Ausrichtung auf Erstrebenswertes? Wie stoppe ich dies?*
- *»Lebenskompass« neu ausrichten: Welche Anschauungen befähigen mich, Wichtiges zu erreichen? Wie pflege ich diese?*

→ 1: Erkennen: Welche Auffassungen verhindern Ausrichtung auf Erstrebenswertes? Wie stoppe ich dies?

Nur schon zu *realisieren*, dass es bestimmte Anschauungen sein könnten, die die Ausrichtung auf attraktive Ziele verhindern, ist ein entscheidender Schritt – vielleicht der wichtigste.

Wo Sie solche Anschauungen identifizieren, sind Sie in der Lage, Ihr Handeln nicht weiter davon bestimmen zu lassen bzw. einen geeigneten Umgang damit zu finden.

Wie Sie vorgehen können:
- **Klären Sie: Was suggerieren Gedanken, die mich davon abhalten, attraktive Ziele zu entwickeln und zu verfolgen?** Vergegenwärtigen Sie sich Situationen, in denen Sie denken: »Es ist nicht möglich / nicht zulässig, mich für Verbesserung einzusetzen.« Was sagt

die damit verbundene innere Stimme? Vielleicht erkennen Sie Sätze der obigen Abbildung 18.

- **Erkunden Sie: Wie komme ich auf diese Gedanken?** Haben Sie etwa schon früh gelernt, dass es unanständig ist, sich begeistert für Erstrebenswertes einzusetzen? Oder spiegelt Ihre Auffassung Werte und Normen einer Ihnen wichtigen sozialen, religiösen, politischen Gruppe? Vermittelt diese z. B., dass Leben Leiden ist? Dass es anrüchig ist, Karriere und Wohlstand anzustreben? Dass es naiv ist, glücklich sein zu wollen? Vielleicht haben Sie diese Auffassung auch aufgrund von Erfahrungen entwickelt, hatten z. B. einige unglückliche Beziehungen und glauben jetzt, dass eine glückliche Partnerschaft für Sie nicht drin liegt? Auf welche Spur kommen Sie?

- **Fühlen Sie diesen Anschauungen auf den Zahn: Stimmt es, was diese suggerieren?** Stimmt es etwa, dass Erfolg für Sie außer Reichweite liegt? Welche Fakten sprechen dafür? Erkunden Sie: Gibt es Ausnahmen, Momente, auf die das *nicht* zutrifft? Gab es in Ihrem Leben bisher wirklich keine Erfolgserlebnisse? Wie haben Sie es denn geschafft, im Alltag über die Runden zu kommen? Oder wenn Sie davon ausgehen, dass erfolgreiche Menschen es einfacher haben als Sie oder ihren Erfolg nur dank Beziehungen, Rücksichtslosigkeit, Geld und Glück erreicht haben: Stimmt dies wirklich? Setzen Sie sich mit der Biografie solcher Menschen auseinander; oft hatten diese viele Hindernisse zu bewältigen. Sie werden feststellen, dass diese Menschen *ein* Merkmal auszeichnet: Sie halten Erfolg nicht für unerreichbar. Sie richten sich konsequent auf das aus, was sie erreichen wollen. Konsequent bedeutet nicht rücksichtslos.

- **Experimentieren Sie mit Blickwechseln: Was wäre, wenn ich diese Auffassung *nicht* hätte?** Was würden Sie dann anders machen? Wie würde Ihre Lebenssituation aussehen? Kehren Sie einmal Ihre Sichtweise ins Gegenteil, etwa: Wenn ich davon überzeugt wäre, dass es das Wichtigste im Leben ist, glücklich zu sein: Wie würde ich dann jetzt vorgehen?

- **Erkunden Sie: Warum macht es Sinn, mich von dieser Anschauung zu trennen? Was spricht dafür? Was können Sie gewinnen?** Wenn Sie etwa wie Herr Pfister, von dem ich oben erzählte, überzeugt sind, bei der Stellensuche nichts zu wünschen zu haben: Sammeln Sie Ideen, wozu es Sinn macht, zu klären, was Ihre Wunschstelle ist. Etwa: Ich kann dann gezielter passende Stellen suchen. Ich kann formulieren, warum ich mich für eine Stelle bewerbe, und im Bewerbungsgespräch glaubwürdiger auftreten. Ich habe Argumente, warum man mich anstellen sollte. Die Beschäftigung mit Wünschen und klugen Vorgehensweisen motiviert mich. Oder, wenn Sie etwas verändern möchten, aber zögern, weil das egoistisch sein könnte: Welche Gründe gibt es, dass es *nicht* egoistisch ist, wenn ich jetzt tue, was mir wichtig ist? Etwa: Ich wäre zufriedener, weniger gereizt. Ich wäre nicht mehr neidisch auf andere. Ich könnte aufrichtiger für andere da sein, weil ich auch gut für mich selbst schaue. Ich müsste mir nie vorwerfen: »Hätte ich das doch gemacht!« Oder stellen Sie sich die Gegenfrage: Wer sagt, dass es nicht egoistisch ist, in Situationen zu verharren, die man verändern möchte? Welches Bild ergibt sich? Wozu entscheiden Sie sich?

- **Entwickeln Sie eine Strategie: Wie gehe ich künftig vor, wenn hinderliche Auffassungen meine Stimmung und mein Handeln beeinträchtigen?** Seien Sie gefasst, dass dies passieren wird, und rüsten Sie sich für solche Momente. Entwickeln Sie etwa ein Ritual, das dann hilft, den Kreislauf von hinderlichen Gedanken, getrübter Stimmung und unproduktivem Handeln zu stoppen. Notieren Sie z. B. in Momenten, in denen solche Gedanken laut werden, was diese suggerieren, und fragen Sie kritisch: Stimmt dies wirklich? Hilft es jetzt? »Entsorgen« Sie diese Sichtweise buchstäblich, wenn sie sich als hinderlich erweist. Oder machen Sie vorab einige Notizen, die Sie dann zur Hand nehmen: Halten Sie darin z. B. einige Gründe fest, warum es Sinn macht, das Handeln nicht der alten Sichtweise unterzuordnen. Oder einige Momente, in denen Ihnen dies gelungen ist und sich positiv ausgewirkt hat. Üben Sie sich mit solchen

Hilfsmitteln, solche Auffassungen stehen und sich stets weniger davon beeinträchtigen zu lassen.

Berücksichtigen Sie bei Ihren Erkundungen:

- **Bringen Sie möglichst nüchtern auf den Punkt, was hinderliche Sicht- und Denkweisen vermitteln.** Verlieren Sie sich nicht in endlosen Analysen, Psychologisieren, der Schuldfrage. Es geht darum, Auffassungen so weit zu verstehen, dass Sie sich davon lösen können. Schämen Sie sich nicht für hinderliche Anschauungen; Sie sind nicht allein damit! Sie dürfen vielmehr stolz sein: Sie haben den Mut, genau hinzuschauen.
- **Lebensorientierungen sind selten plötzlich verändert.** Statt zu versuchen, rigoros anders, »positiv« zu denken, ist es sinnvoller und realistischer, dass Sie lernen, diese Auffassungen zu erkennen, zu verstehen und ihnen bewusst keine Macht über Ihr Handeln zu geben. Das macht den Unterschied!

In Abbildung 21 finden Sie die obigen Schritte zusammengefasst.

Den »Lebenskompass« förderlich ausrichten:

Welche Auffassungen verhindern Ausrichtung auf Erstrebenswertes?

- Was suggerieren Gedanken, die mich davon abhalten, attraktive Ziele zu entwickeln und zu verfolgen?
- Wie komme ich auf diese Gedanken?
- Stimmt es, was diese Auffassung suggeriert?
- Was wäre, wenn ich diese Auffassung *nicht* hätte?
- Warum macht es Sinn, mich von dieser Anschauung zu trennen?
- Wie gehe ich künftig vor, wenn hinderliche Auffassungen meine Stimmung und mein Handeln beeinträchtigen?

(21)

→ **2: »Lebenskompass« neu ausrichten: Welche Anschauungen befähigen mich, Wichtiges zu erreichen? Wie pflege ich diese?**

Um sich nicht von hinderlichen Lebensorientierungen blockieren zu lassen, ist es nicht nur wichtig, entsprechende Sicht- und Denkweisen zu identifizieren und zu üben, das Handeln nicht davon leiten zu lassen. Es ist auch wichtig, Gegengewicht zu schaffen mit *neuen* Orientierungen, die ermöglichen, *anders* zu handeln. Beides *zusammen* befähigt, kontinuierlich auf dem neuen Kurs vorwärtszukommen.

Wie Sie vorgehen können:

- **Sammeln Sie Ideen: Welche Sicht- und Denkweisen helfen mir, erstrebenswerte Ziele zu entwickeln und mein Handeln darauf auszurichten?** Etwa: »Jeder Mensch, der in seinem Element ist, ist ein Gewinn für die Umwelt.« Vergegenwärtigen Sie sich Menschen, bei denen dies zutrifft, und erkunden Sie, wann Sie selbst im Element sind. Oder: »Ich kann nur Erfreuliches erreichen, wenn ich mich darauf ausrichte. Wenn ich meinen ›Lebenskompass‹ nach Norden richte, komme ich nicht nach Süden.« Oder: »Wir hätten keine Telefone, wenn es nicht Menschen gegeben hätte, die dies für erstrebenswert und möglich gehalten und sich für die Realisierung eingesetzt hätten.«
- **Trainieren Sie: Wie lasse ich förderliche Orientierungen zur Gewohnheit werden?** Erinnern Sie sich etwa am Morgen unter der Dusche daran: »Es darf mir gut gehen.« »Ich konzentriere mich heute auf Möglichkeiten und Lösungen, die mich weiterbringen.« Oder: Schreiben Sie förderliche Anschauungsweisen auf; vielleicht wollen Sie ein Motto formulieren, das Sie auf einer Visitenkarte bei sich tragen. Vergegenwärtigen Sie sich die neuen Anschauungen immer wieder, besonders in Momenten, in denen alte Überzeugungen Ihr Handeln beeinträchtigen wollen.
- **Kommen Sie ins Handeln: Wie kann ich *anders* vorgehen?** Üben Sie, Ihr Handeln von neuen Anschauungen leiten zu lassen. Auch wenn sich dies zu Beginn fremd anfühlt. Tun Sie »als ob«: Gehen Sie

etwa in den Tag mit dem Gedanken »Heute tue ich so, als dürfte ich Wünsche haben und mich für diese einsetzen«. Oder »Heute erlaube ich mir, etwas zu tun, was mir Freude macht. Ohne Schuldgefühle gönne ich mir einen Spaziergang.«

- **Beobachten Sie: Zu welchen neuen Erfahrungen und Resultaten führt dies?** Vielleicht beschäftigen Sie sich zum ersten Mal damit, was für Sie erstrebenswert ist. Sie beobachten, dass sich das fremd anfühlt – aber Energie gibt! Oder Sie setzen sich damit auseinander, wie eine bessere neue Wohnsituation aussehen könnte – bisher hatten Sie immer gedacht »das liegt nicht drin«. Sie kommen auf Ideen, die Sie selbst überraschen und realisieren, dass ein Wohnungswechsel gar nicht so weit hergeholt ist.

Berücksichtigen Sie bei diesen Schritten:

- **Es geht ums Anfangen und Dranbleiben.** Erwarten Sie nicht, dass Sie sofort nur noch hilfreiche Sicht- und Denkweisen haben, die Sie flugs zum Erfolg führen. Aber schaffen Sie die Basis, dass dies zunehmend Realität werden kann. Machen Sie Schritte, hinter denen Sie stehen und die Sie auch umsetzen können.
- **Beschäftigen Sie sich mit dem, was Ihnen wichtig ist im Leben, was für Sie das Leben lebenswert macht.** Entwickeln und verinnerlichen Sie einen »motivierenden Horizont«. Kapitel 4 gibt Ideen, wie Sie vorgehen können. Dies stärkt Sichtweisen, die Sie befähigen, vorwärtszukommen.
- **Nehmen Sie Ausnahmen, Unterschiede und Erfolg wahr.** So ermutigt Sie etwa ein Freund, neue Wege in Ihrer Partnerschaft zu suchen, die nur noch von Streit geprägt ist. Bisher haben Sie stets unwirsch reagiert: »Es gibt doch in allen Beziehungen Negatives.« Jetzt haben Sie den Freund gebeten, gemeinsam zu schauen, was ein gutes Vorgehen sein könnte. Oder: Sie haben bisher am Arbeitsplatz lustlos Ihre Pflicht erfüllt. Jetzt haben Sie sich damit auseinandergesetzt, wie Ihr Arbeitsalltag aussehen würde, wenn er mehr Freude macht. Und haben Schritte umgesetzt, etwa Verbesserungsvorschläge ein-

gebracht. Nehmen Sie wahr, wenn es Ihnen gelingt, neu vorzugehen. Belohnen Sie sich für solche Schritte. Beides hilft, Erfolge zu »speichern«. Und motiviert zu weiteren Schritten.

- **Organisieren Sie sich Unterstützung.** Lassen Sie sich z. B. inspirieren und ermutigen von Menschen, die positiv und erfolgreich sind. Vergegenwärtigen Sie sich, wie wohltuend solche Menschen wirken, wie viel Energie sie ausstrahlen. Suchen Sie bewusst den Kontakt zu solchen Menschen – egal, ob Sie diese persönlich kennen oder ob Sie von ihnen in Büchern oder anderswo lernen können, wie man anders denken kann.

In Abbildung 22 finden Sie die obigen Schritte zusammengefasst.

Den »Lebenskompass« förderlich ausrichten:
Welche Anschauungen befähigen mich, Wichtiges zu erreichen?

- Welche Sicht- und Denkweisen helfen mir, erstrebenswerte Ziele zu entwickeln und mein Handeln darauf auszurichten?
- Wie lasse ich diese zur Gewohnheit werden?
- Wie kann ich entsprechend *anders* handeln?
- Zu welchen neuen Erfahrungen und Resultaten führt dies? (22)

Wenn Sie jetzt hinderliche Orientierungen identifiziert und angefangen haben, hilfreichen Orientierungen Raum zu geben, haben Sie Weichen gestellt, Veränderung nicht mit »angezogener Bremse« zu begegnen, sondern orientiert darauf, was Sie vorwärtskommen lässt.

Wenn Sie nach Lektüre dieses Kapitels jetzt denken »Das gilt für mich nicht«, »Das ist in meiner Situation nicht möglich«, empfehle ich Ihnen, zumindest zu überlegen, was die Konsequenzen dieser Folgerung sind, etwa, sich weiter durch ein Leben zu schleppen, das wenig Lebensqualität und -freude beinhaltet. Noch besser ist, wenn Sie kritisch überprüfen, ob Ihre Auffassungen wirklich stimmen: Wie komme ich darauf, dass faktisch stimmt, was ich denke? Stimmen die Annahmen, die ich über Menschen habe, die erfolgreich und glücklich sind?

Geben Sie sich eine Chance: Handeln Sie nur mal für einen Tag so, als sei das, was in diesem Kapitel steht, auch für Sie möglich und könnten auch Sie motivierende Ziele entwickeln und erreichen.

Ich wünsche Ihnen Mut und Ausdauer im Entwickeln neuer Orientierungen und vor allem die Erfahrung, dass Sie so Veränderung mit Erfolg angehen können.

Teil II: Die Kunst des Aufbrechens:
Sich auf den Weg machen in Richtung eines motivierenden Horizonts

Neue Wege einzuschlagen erfordert Handeln. Dies gelingt am besten, wenn die Richtung klar und motivierend ist, man hinter dem steht, was man tut, und mit Verunsicherndem umgehen lernt. Die folgenden drei Kapitel handeln davon, wie dies gelingt.

4 »Keine Ahnung, wohin weiter ...«
Alternative Zugänge zu einem motivierenden Horizont

> »Um deinen ureigenen Weg zu finden, musst du deiner Freude folgen.«
>
> Joseph Campbell (1904–1987)
> US-amerikanischer Mythologieforscher

Dieses Kapitel ist geschrieben für Menschen, die Mühe haben, ins Handeln zu kommen, weil nicht klar ist, in welche Richtung sie aufbrechen wollen und können.

Veränderungsschritte lassen sich am besten umsetzen, wenn es klare und motivierende Perspektiven und attraktive Ziele gibt, die einem entsprechen und für die man sich entschlossen in Bewegung setzen will und kann. Ich nenne dies »motivierenden Horizont«.

Doch: Wie vorgehen, wenn man überhaupt keine Idee hat, was man wirklich will und kann? Was tun, wenn es keinen motivierenden Horizont zu geben scheint?

Statt künstlich Ziele erzwingen zu wollen, geht es hier im Kern darum, »einen Schritt zurück« zu tun, in Kontakt zu kommen mit sich selbst, mit dem, was einen interessiert, einem Freude macht und Energie gibt. Oft erschließt sich daraus ein motivierender Horizont. Wie man dabei vorgeht, darum geht es in diesem Kapitel.

»Keine Ahnung, wohin weiter ...«
Frau Perrig kontaktiert mich. Sie erzählt: »Mein Leben plätschert dahin. Nach außen ist alles o. k. Ich bin Hausfrau. Die Kinder sind schon recht selbständig. Ich habe eine gute Partnerschaft. Kein Grund zu Unzufriedenheit und kein akuter Anlass zu Veränderung. Doch: Diese innere Leere. Ich weiß nicht, wo meine Lebensfreude geblieben ist. Ich möchte gerne etwas ändern. Vielleicht wieder berufstätig sein. Ich möchte aufbrechen. Nur: Ich habe keine Ahnung, wohin.«

Viele Menschen haben den Wunsch, dass sich etwas ändert in ihrem Leben. Nur: Was genau? Ein anderer Job? Ein neues Wohnumfeld? Mehr Lebensqualität? Sie sind ratlos. Oder: Beruflich auf einem Abstellgleis, konsultieren sie einen Laufbahnberater. Dessen Frage nach den eigenen Vorstellungen kann nicht so genau beantwortet werden. Oder: Eine Krankheit zwingt zur Berufsaufgabe. Was jetzt? Man hat sich nie Gedanken gemacht, was andere Perspektiven sein könnten als die bisherigen.

Mit den Fragen in Abbildung 23 können Sie checken, wie es um Ihre Perspektiven und Ziele steht.

Die Ausgangslage klären:

Sind meine Perspektiven und Ziele klar und motivierend?

- Was waren bisher Ihre Perspektiven und Ziele?
- Wie kommt es, dass Sie sich neu ausrichten wollen / müssen?
- Was möchten Sie erreichen? Wann würden Sie sagen: »Ich habe diese Veränderung gut angepackt«?
- Wenn Sie keine Idee haben, was ein guter neuer Kurs sein könnte: Wie sind Sie dann bisher vorgegangen? Resultat?
- Wann würden Sie sagen »Ich habe Perspektiven und Ziele, die mich motivieren, mir entsprechen und für die ich mich einsetzen will und kann«? Was wäre dann anders?

(23)

In Abbildung 24 finden Sie Anhaltspunkte, wann es Priorität sein sollte zu klären, was für Sie ein guter neuer Kurs ist.

Klären, wohin man weitergehen will und kann:
Anhaltspunkte, wann dies Priorität sein sollte

- Sie wollen oder müssen einen neuen Kurs einschlagen.
- Sie wissen nicht, was Sie wollen und was Ihnen entspricht.
- Sie bleiben »hängen« bei dem, was nicht mehr ist / sein kann.
- Sie empfinden Ihr Leben als anstrengend, freudlos, sinnlos, leer oder langweilig.
- Aktuelle Perspektiven und Ziele machen Ihnen keine Freude und geben Ihnen keine Energie.
- Ihre Perspektiven und Ziele fühlen sich nicht echt an. Sie verfolgen sie, weil »man« das macht, Sie sich damit Erfolg, Akzeptanz oder Anerkennung erhoffen.
- Sie benötigen übermäßig Energie, um Ihre Ziele zu verfolgen.
- Sie können sich nicht richtig freuen an Erreichtem.
- Resultate lassen zu wünschen übrig. ㉔

In Abbildung 25 ist als Faustregel zusammengefasst, wann es entscheidend ist zu klären, wie und wohin man weiterziehen will und kann. Trifft einer der Punkte bei Ihnen zu?

Klären, wohin man weitergehen will und kann:

 Faustregel

Die Auseinandersetzung mit diesem Thema hat Priorität, wenn Sie nicht ins Handeln kommen, weil Sie nicht wissen,

- was jetzt gute neue Perspektiven und Ziele für Sie sind;
- was Sie reizt, motiviert, Ihnen Energie gibt, wirklich wichtig ist und entspricht. ㉕

Die Auseinandersetzung mit der Frage, was ein guter neuer Kurs sein könnte, hat zum Ziel, dass Sie Ihren »motivierenden Horizont« erkennen und in der Folge produktiv handeln können.

Dazu ist es nützlich, sich erst zu vergegenwärtigen, wie es kommt, dass man nicht weiß, was gute neue Perspektiven sein könnten und worauf es ankommt, dies zu ändern.

Hintergrund und Ansatzpunkt

Es kann immer Situationen geben, in denen man nicht weiß, wie und wohin weiter. Besonders wenn man in ein Schlamassel geraten ist und nicht weiß, wo einem der Kopf steht. Wenn Ereignisse bisherige Perspektiven unsicher gemacht oder gar zerstört haben, muss man sich erst einmal auf die neue Situation einstellen. Etwa wenn eine Krankheit zur Berufsaufgabe zwingt oder der Partner plötzlich stirbt.

Viele Menschen nehmen sich dann die nötige Zeit, rappeln sich danach wieder auf, passen bisherige Perspektiven und Ziele an oder entwickeln neue, brechen auf und gestalten das Leben neu.

Doch vielen Menschen gelingt dies nicht ohne Weiteres; auch in weniger einschneidenden Situationen bleiben sie ratlos, was sie wollen und was gute Optionen für sie sind. Letztlich liegt dies häufig daran, den Zugang zu sich selbst verloren zu haben, nicht zu wissen, was einem wirklich entspricht, was eigene Interessen, Talente und Lebenswünsche sind, was Freude macht und Energie gibt, was nützliche Erfahrungen sind, auf die man jetzt zurückgreifen kann. Meist ist es nicht ein Ereignis, das dies bewirkt; ein Ereignis macht vielmehr deutlich, was sich oft über längere Zeit entwickelt hat. Dazu zwei Beispiele.

» *Frau L. ist »irgendwie« in ihre Lebenssituation gerutscht. Sie hat ein Studium absolviert; ohne besondere Freude, es hatte sich so ergeben, sie kommt aus einer Akademikerfamilie und wusste nach dem Gymnasium nicht so recht, was sie wollte. Nach Studium und kurzer Berufstätigkeit hatte sie geheiratet, ist Mutter geworden und gab die Erwerbstätigkeit auf. Zurückblickend sagt sie, dass ihr das gelegen kam, die Arbeit fand*

sie nicht besonders interessant. Heute ist sie in einer Krise, fühlt sich leer
und hat keine Idee, was sie will. Sie ist ratlos, was sie kann, was ihre Talente sind, wie sie ihr Leben anpacken könnte.

»Eine andere Situation: Herr M. hat die Kündigung erhalten. Er wollte
so gerne Karriere machen. Er hat hart gearbeitet. Nichts war geschenkt.
Dank eiserner Disziplin, viel Fleiß und ebenso vielen Überstunden hatte
er durchgehalten. Freude an dem, was er tat, hatte er nicht. Jetzt ist er
erschöpft. Und weiß nicht, wie weiter. Er hat keine Ahnung, was für ihn
ein motivierender Horizont sein könnte.

Es gibt viele Menschen, die auf diese Weise in eine Lebensgestaltung
»hineinrutschen«. Oft haben sie viele Jahre Dinge getan, die sie weder wirklich motiviert noch ihrer Persönlichkeit entsprochen haben.
Sie haben sich wie Frau L. nie gefragt, was sie selbst wollen im Leben.
Sie orientieren sich an dem, was ihre Umgebung macht, passen sich
an, wollen es andern recht machen, übernehmen nicht selten deren
Ziele und Perspektiven: »Ich habe studiert, weil das bei uns jeder tat.«
oder »Ich habe eine Familie gegründet, weil ich dachte, dass das einfach dazugehört und weil meine Frau unbedingt Kinder wollte.« Vielleicht haben sie Ziele angestrebt, die sie bei anderen bewundert, von
denen sie sich Erfolg, Status, Sicherheit, Reichtum, soziale Akzeptanz
und Zugehörigkeit versprochen haben. Sie haben etwa ein Studium
absolviert, weil die Eltern das erwarteten. Oder einen Beruf gewählt,
weil sie sich davon finanziell eine sichere Zukunft erhofften. Sie haben ein Haus gekauft, weil das in ihrem Umfeld als chic gilt. Wer Perspektiven und Ziele verfolgt, die nicht kompatibel sind mit eigenen
Interessen und Talenten, ist im Handeln gehemmt, kann nicht wirklich motiviert anpacken. Wir wissen u. a. aus motivationspsychologi-
schen Untersuchungen, dass Menschen, deren Handeln nicht verbunden ist mit dem, was ihnen wirklich entspricht, die dadurch fehlende
innere Motivation wie Herr M. oft kompensieren mit übermäßig viel
Willen, Anstrengung und Disziplin. Veränderungssituationen können

solche Lebensentwürfe deutlich werden lassen. Das kann sehr konfrontierend sein, ist aber zugleich eine Chance, den Lebenskurs neu zu bestimmen.

Menschen, die den Kontakt zu sich selbst verloren haben, können nicht auf Knopfdruck motivierende Perspektiven und attraktive Ziele bestimmen. Wer ureigene Interessen, Fähigkeiten, Talente aus dem Blick verloren hat, kann in einer Veränderungssituation kaum benennen, was jetzt gute neue Optionen sind. So paradox das gerade in diesem Buch klingen mag: Es ist kontraproduktiv, sich oder andere dann ermuntern zu wollen, einen motivierenden Horizont zu entwickeln. Es bringt wenig, Druck zu machen: »Jetzt setz dir mal ein Ziel!«, »Entscheide doch endlich, was du willst!«, »Tu was!« oder »Du musst nur einen motivierenden Horizont entwickeln.« Das wird kaum funktionieren. Es ist das gleiche Paradox, wie einem Schüchternen zu empfehlen »Sei doch mal spontan«. Dies führt meist nur zu *mehr* desselben: Je nach Persönlichkeit zu mehr Ratlosigkeit, Versagergefühlen, Widerstand oder einem weiteren »Muss« auf der Liste der Pflichten.

Manchmal muss man andere Wege einschlagen. Es führen mehrere Wege nach Rom. Wenn der Blick nach vorne in ein großes Fragezeichen führt, ist der Ansatzpunkt, als Erstes wieder in Kontakt zu kommen mit sich selbst. Das heißt, Tätigkeiten zu erkunden, bei denen man sich wohlfühlt, die leicht von der Hand gehen, einem Freude machen und scheinbar wie von selbst zu guten Resultaten führen, über die man sich dann wirklich freuen kann. Daraus lässt sich erschließen, was gute neue Perspektiven und Ziele sein könnten – vielleicht das erste Mal im Leben.

In Abbildung 26 ist dies zusammengefasst.

Wenn es keinen motivierenden Horizont zu geben scheint:
Hintergrund und Ansatzpunkt

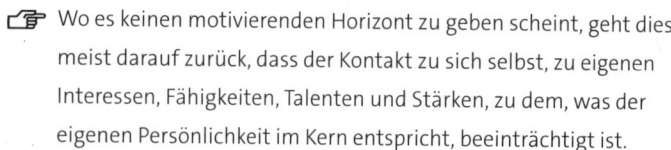

☞ Wo es keinen motivierenden Horizont zu geben scheint, geht dies
meist darauf zurück, dass der Kontakt zu sich selbst, zu eigenen
Interessen, Fähigkeiten, Talenten und Stärken, zu dem, was der
eigenen Persönlichkeit im Kern entspricht, beeinträchtigt ist.

☞ Motivierende Perspektiven und Ziele entstehen nicht durch Willens-
anstrengung, sondern durch das Erkunden, welche Tätigkeiten
einen interessieren, Freude machen, leicht von der Hand gehen und
zu Erfolgen führen, über die man sich wirklich freuen kann. ㉖

Es ist *möglich*, einen motivierenden Horizont zu finden –
ohne diesen erzwingen zu wollen!

Die Schritte von Frau Perrig zeigen, wie man vorgehen kann, wenn der
motivierende Horizont abhanden gekommen zu sein scheint:

Frau Perrig hatte als engagierte Familienfrau durchaus Perspektiven
und Ziele, vermisste aber zunehmend echte Motivation und Lebensfreude. Alles war Routine. Rational versuchte sie sich daran zu orientieren, dass ihr Leben doch gut war. Zugleich wurde der Wunsch immer
stärker, etwas zu verändern. Dieser Wunsch wurde zunehmend zum
Druck, jetzt doch endlich ihrem Leben neuen Schwung zu geben. Je
stärker der Druck, desto weniger wollten sich Ideen einstellen.

Als Erstes vermittelte ich Frau Perrig, dass sie nicht gleich ihr Leben
auf den Kopf stellen müsse, dass es zunächst darum gehe, in Ruhe zu
schauen, was ihre Motivationsquellen waren. Ich regte sie an, im Alltag darauf zu achten, wann sie in ihrem Element war, was ihr Freude
machte, wofür sie sich begeistern konnte. Das entlastete sie; das an-
gestrengte Suchen nach einem »Ziel« – »Ich muss doch wissen, was
ich will!« – hatte sie zunehmend gestresst. Beim nächsten Gespräch
hatte sie eine ganze Liste von Momenten, in denen sie in ihrem Element war, und von Tätigkeiten, die sie interessieren, ihr Freude mach-

ten. Beides war aus dem Blick geraten aufgrund der Erwartung, dass jetzt etwas Neues, anderes kommen müsse. Diese Entdeckung freute Frau Perrig und nahm den Druck weg, jetzt ganz besondere Ziele entwickeln zu müssen. Sie war neugierig, was sich mit dieser Entdeckung machen ließ.

Es war ihr u. a. neu bewusst geworden, wie gerne sie schrieb; sie führte intensiv Tagebuch, pflegte regen Mail-Wechsel mit Freunden und freute sich über alles, was pfiffig geschrieben war. Wenn sie schrieb, fühlte sie sich in ihrem Element. Und ja, sie hatte ja auch mit viel Freude den Text verfasst für das Programmheft des Chors, in dem sie sang. Das kam so gut an, dass sie gefragt wurde, ob sie alle Texte für die Website des Chors schreiben könne. Auch das war ein voller Erfolg, sie erhielt viel positives Echo, freute sich selbst am Resultat und erhielt viel Energie aus dieser Erfahrung. Aber sie hatte sich nie weiter darüber Gedanken gemacht. Bisher hatte sie krampfhaft versucht, ein »interessantes« Ziel zu bestimmen. Sie hatte sich damit beschäftigt, eine Ausbildung zu absolvieren; ohne viel Begeisterung, aber ja, gut wäre das vielleicht ja schon. Nur: *Welche* Ausbildung?

Jetzt realisierte Frau Perrig, dass es schon etwas gab, was sie interessierte, was sie gerne tat, wo sie auch reale Erfahrungen und Erfolge hatte. Sie setzte sich mit der Frage auseinander, ob sie aus dem Schreiben eine berufliche Tätigkeit machen wollte. Die Idee reizte sie. Sie beschäftigte sich mit Möglichkeiten, wie sie konkret vorgehen konnte. Das gab ihr Energie. Sie erwog, eine kleine Firma zu gründen, in der sie Webseitentexte verfasste, wie sie es für den Chor getan hatte. Sie entschied sich, erst ihre Schreibaktivitäten weiter zu intensivieren, um mehr Erfahrung zu sammeln. Die innere Leere, von der sie anfänglich gesprochen hatte, war weg. Sie hatte den Kontakt wieder gefunden zu ihrer Begeisterung. Ein motivierender Horizont liegt oft näher, als man denkt.

Sie können es machen wie Frau Perrig. Berücksichtigen Sie dabei die im Folgenden beschriebenen Erfolgsfaktoren.

Die zwei entscheidenden Erfolgsfaktoren

Wenn Sie motivierende und passende Perspektiven und Ziele bestimmen möchten, aber nicht wissen, was Sie wirklich wollen und können, empfehle ich Ihnen, dies in zwei Schritten zu ändern:
- *Sich vergegenwärtigen: Wann bin ich in meinem Element?*
- *Erkennen: Welcher Kurs zeichnet sich ab?*

Was damit gemeint ist, möchte ich illustrieren anhand eines Gesprächs, das sich letzthin mit meiner Coiffeuse ergab. Es war eine sehr junge Frau. Voller Elan schnitt sie meine Haare. Ich fragte sie, warum sie Coiffeuse geworden war. Sie antwortete: »Gute Frage. Das weiß ich eigentlich nicht. Mir war nicht klar, welchen Beruf ich ergreifen wollte. Aber es gefiel mir, mit Menschen umzugehen und sie schön zu machen. Es gibt mir heute immer einen Kick, wenn Kunden mit einem pfiffigen Schnitt, zufrieden und mit einem großen Smile den Coiffeursalon verlassen. Weil ich bei mir selbst immer gerne mit Frisuren experimentierte und diese auch an meiner Schwester ausprobierte, dachte ich: ›Ich werde Coiffeuse.‹ Ich will alles lernen, was es in diesem Fach zu lernen gibt; so habe ich noch ein Extrajahr an meine Ausbildung gehängt, dieses soeben abgeschlossen und schneide nun Ihre Haare.« Sie sprach ganz beschwingt.

→ 1: Sich vergegenwärtigen: Wann bin ich in meinem Element?

Wenn Sie ratlos sind, in welche Richtung Sie aufbrechen wollen: Machen Sie *bewusst*, was die Coiffeuse intuitiv getan hat. Erkunden Sie, was für Sie Momente, Interessen, Tätigkeiten sind, bei denen Sie in Ihrem Element sind.

Indem Sie dies tun, stellen Sie Kontakt her zu sich selbst. Damit legen Sie den Boden, auf dem sich Perspektiven, Ziele und Entscheidungen abzeichnen können, die zu Ihnen passen, hinter denen Sie stehen und die Sie in die Lage setzen zu handeln.

Wie Sie vorgehen können:

- **Erkunden Sie: Bei welchen Aktivitäten fühle ich mich besonders wohl, läuft es wie von selbst?** Dies können ruhig Tätigkeiten sein, die nicht direkt mit der aktuellen Veränderung zu tun haben oder zeitlich zurückliegen. Was fällt Ihnen spontan ein? Was machen Sie besonders gerne, problemlos, mit Leichtigkeit? Bei welchen Tätigkeiten kostet es Sie überhaupt keine Mühe anzupacken? Wann vergessen Sie die Zeit? Was sind das genau für Aktivitäten? Welche Interessen und Eigenschaften von Ihnen kommen dabei zum Ausdruck? Was sind wichtige Voraussetzungen, dass Sie so tätig sein können?

- **Erkennen Sie: Wann kann ich mich über erreichte Ziele und Erfolge wirklich freuen?** Resultate, über die Sie sich wirklich freuen können, sind Indizien, dass Sie etwas getan haben, was Ihnen entspricht. Menschen, die tun, was ihnen nicht entspricht, können erfolgreich sein, freuen sich aber nicht wirklich am Erreichten. Vergegenwärtigen Sie sich: Wann können Sie sich über erreichte Ziele und Erfolge echt freuen? Was erkennen Sie daraus über sich selbst? So erinnern Sie sich etwa an das gute Gefühl, als Sie ein großes Projekt gegen die anfängliche Skepsis Ihrer Vorgesetzten erfolgreich umgesetzt haben. Daraus lässt sich erkennen, dass Sie gerne Verantwortung übernehmen und den Mut haben, für Ideen einzustehen; dies sollten Sie einbeziehen bei der Bestimmung neuer Schritte. Oder Sie freuen sich darüber, dass Sie in der Familie eine Umgebung geschaffen haben, in die jeder immer gerne wieder zurückkommt. Offenbar fühlen Menschen sich in Ihrer Nähe wohl; erkunden Sie, wie Sie das in Ihrer Neuorientierung aufnehmen können.

- **Lassen Sie Ihren »Lebensfilm« ablaufen: Was waren die besten Phasen, glücklichsten Momente?** Was war dann? Was lässt sich aus diesen Momenten darüber ableiten, was Sie brauchen, um in Ihrem Element zu sein? Sie erinnern sich z. B., dass Sie in einer Ihrer besten Zeiten beruflich viel auf Reisen waren und mit vielen Menschen in Kontakt kamen: Sie erkennen, dass Sie im Element sind, wenn

Sie Abwechslung haben, viel unterwegs sind, neuen Menschen begegnen, Ihre Sprachen brauchen, Neues lernen. Was können *Sie* aus glücklichen Phasen darüber ableiten, was Ihnen entspricht?

- **Stellen Sie sich vor: Über Nacht passiert ein Wunder. Am Morgen erwachen Sie in einer Situation, in der Sie rundum glücklich sind: Wie sieht diese Situation aus?** In welcher Umgebung befinden Sie sich? Was tun Sie? Wie fühlen Sie sich? Welche Menschen haben Sie um sich und wie erfahren Sie die Beziehung zu ihnen? Was ist anders als jetzt? Vielleicht sehen Sie, dass Sie als Single das Leben genießen, viel reisen – und nicht eine Familie gründen müssen.

- **Bündeln Sie: Was lerne ich aus meinen Erkundungen über mich und darüber, was mir entspricht?** Welche Tätigkeiten, Interessen, Eigenschaften, Talente, Rahmenbedingungen sind wichtig? Welche Anreize und Bedingungen müssen gegeben sein, damit Sie sich mit Freude, effektiv und flowartig engagieren können? Vielleicht wollen Sie ein paar Notizen machen?

Berücksichtigen Sie bei diesen Erkundungen:

- **Auch Unscheinbares und Tätigkeiten, die schon lange zurückliegen, können wichtig sein.** Manchmal »verstecken« sich wichtige Informationen! So begleitete ich eine junge Frau, die nicht mehr im gelernten Beruf als Verkäuferin arbeiten konnte und keine Ahnung hatte, was nun eine gute Option war. Wir schauten ihren Lebenslauf an. Da gab es eine unscheinbare Zeile: »Praktikum in Kinderkrippe«. Darauf angesprochen, begann die Frau zu strahlen: Mit kleinen Kindern zu arbeiten sei immer ihr Traum gewesen. Aber dann sei es eben anders gekommen. Sie hatte ihren Traum »vergessen«. Diese eine Zeile und meine Frage hatten sie wieder daran erinnert. Nun war klar, was sie wollte.

- **Machen Sie diese Erkundungen eventuell gemeinsam mit einer anderen Person.** Es gibt Situationen, da fällt es schwer, den Blick von aktuellen Herausforderungen zu lösen. Vielleicht möchten Sie dann eine Person, die Sie gut kennt, bitten, diese Punkte gemeinsam durchzugehen. Eine andere Person hat mehr Distanz und kann oft schnell sagen, in welchen Situationen sie den Eindruck hat, dass Sie in Ihrem Element sind.

- **Pflegen Sie fortan, was Ihnen Freude macht.** Planen Sie dies in Ihren Tagesablauf ein wie Zähneputzen. Diese Tätigkeiten müssen noch nicht direkt mit der Veränderung zu tun haben, die Sie angehen wollen oder müssen. Doch indem Sie tun, was Ihnen Freude macht, pflegen Sie den Kontakt zu sich selbst, erhalten Energie und erschließen zugleich den Zugang zu guten Ideen; gut möglich, dass sich gerade *so* abzeichnet, wie Sie die aktuelle Veränderung angehen wollen. So realisierte die Frau eines chronisch Kranken einen alten Traum: jodeln lernen. Ganz erfüllt sagt sie: »Ich bin so glücklich. Das Jodeln macht so viel Freude und gibt mir unglaublich viel Kraft, gerade auch für die belastende, fordernde Begleitung meines Mannes. Ich bin viel entspannter, kann Schweres leichter nehmen.«

In Abbildung 27 sind die obigen Schritte zusammengefasst.

Einen motivierenden Horizont entstehen lassen:

Wann bin ich in meinem Element?

- Bei welchen Aktivitäten fühle ich mich besonders wohl, läuft es wie von selbst, vergesse ich die Zeit?
- Wann kann ich mich über erreichte Ziele und Erfolge wirklich freuen?
- Was waren die besten Phasen und glücklichsten Momente in meinem Leben? Was war dann?
- Über Nacht passiert ein Wunder: Am Morgen erwache ich in einer Situation, in der ich rundum glücklich bin: Wie sieht diese aus?
- Fazit: Was lerne ich über mich und darüber, was mir entspricht? (27)

→ **2: Erkennen: Welcher Kurs zeichnet sich ab?**

Manchmal genügt es schon, sich damit zu beschäftigen, was einem entspricht und Freude macht, und es erübrigen sich dann wie bei Frau

Perrig gravierende Weichenstellungen. Doch die Vergegenwärtigung von Situationen, in denen man in seinem Element ist, ist auch eine wichtige Plattform, wenn man einen neuen Kurs im Leben bestimmen und einschlagen will oder muss.

Wie Sie dann vorgehen können:

- **Erkunden Sie: Welcher motivierende Horizont zeichnet sich ab?** Wenn Sie sich damit beschäftigen, wann Sie in Ihrem Element sind, ist es oft kein großer Sprung zu Entscheidungen, wie Sie vorwärtsgehen wollen: Aus dem, was Sie gerne machen, lassen sich Schritte ableiten, wie Sie Ihr Leben weiter gestalten. Vielleicht kommen Sie etwa wie die Coiffeuse zum Entschluss, aus einem Hobby einen Beruf zu machen. Schauen Sie, welche Ideen *Sie* aus dem entwickeln, was Ihnen Freude macht.

- **Bestimmen Sie: Welche bisherigen Perspektiven und Ziele will und kann ich beibehalten?** Wenn eine Neuausrichtung ansteht, muss nicht immer alles über Bord geworfen werden. So verband Frau B., die sich nach vielen Jahren als Lehrerin nach etwas Neuem sehnte, ihre Erfahrung mit Kindern und ihre Leidenschaft fürs Kochen miteinander: Sie gibt heute mit Begeisterung und Erfolg Kinderkochkurse. Was wollen und können *Sie* beibehalten und ins Neue »mitnehmen«?

- **Leisten Sie »Übersetzungsarbeit«: Wie kann ich Altes in Neues transformieren?** Herr H., der im Topmanagement einer großen Firma gearbeitet hatte, war durch eine Krankheit gezwungen, seine Berufstätigkeit aufzugeben. Ein schwerer Brocken. Doch nach einiger Zeit hatte er eines Tages eine Idee: Ein Poloturnier zugunsten der Patientenorganisation dieser Krankheit zu organisieren. Er war von Natur aus ein hervorragender Organisator und leidenschaftlicher Netzwerkmensch; das war durch die Berufsaufgabe nicht anders geworden. Das Poloturnier wurde ein enormer Erfolg, der ihm einen großen Kick und der Patientenorganisation einen außerordentlich hohen Erlös einbrachte. Er sah: Er konnte seine Talente auch jetzt, *mit* der Krankheit nutzen! Er setzte sein Engagement fort. Seine neuen Perspektiven haben sich ergeben, indem er tat, was ihm entsprach und Freude machte. Er fand neue Formen dafür. Wie können *Sie* Altes zu Neuem werden lassen?

- **Entscheiden Sie: Welchen Kurs schlage ich jetzt ein?** Was zeichnet sich aus Ihren Erkundungen ab? Was reizt Sie? Wo wollen Sie beginnen? Was sind erste Schritte, die Sie machen wollen? Nichts ist so ermutigend und unterstützend wie die Erfahrung, dass man selbst Schritte machen kann und so positive Prozesse in Gang kommen. Schauen Sie, dass Sie sich diese Erfahrung ermöglichen. Vielleicht wollen Sie damit beginnen, dass Sie Ihre Beobachtungen, Erkenntnisse, Energiespender aufschreiben und schauen, welches Bild sich ergibt.

Berücksichtigen Sie bei diesen Schritten:
- **Bleiben Sie offen.** Gerade wenn Sie sich vielleicht das erste Mal in Ihrem Leben damit beschäftigen, was Sie wirklich selbst wollen, ist es gut möglich, dass neue Perspektiven wegführen von dem, was Sie ein Leben lang angestrebt und getan haben. Vielleicht konfrontiert Sie eine Kündigung damit, dass Sie lange in einem Bereich gearbeitet haben, der Ihnen überhaupt nicht entspricht. Gut möglich, dass Ihre berufliche Zukunft in einer Tätigkeit liegt, die Sie bisher als Hobby ausgeübt haben. Sagen Sie dann nicht: »Das ist doch nur ein Hobby.«
- **Haben Sie Mut zum Abschied.** Manchmal findet man keinen neuen Kurs, weil man an einem alten festhält, der nicht mehr gangbar ist. Wer in eine Sackgasse geraten ist, muss umkehren, um entdecken zu können, dass es neue, andere Wege gibt. Wie sieht das bei Ihnen aus? Gibt es Perspektiven und Ziele, von denen Sie sich verabschieden wollen bzw. müssen? Was können Sie gewinnen, wenn Sie sich jetzt für Neues öffnen? Was hilft Ihnen, bisherige Perspektiven und Ziele loszulassen? Was brauchen Sie dazu? Es kann entscheidend sein, die obigen Punkte zu berücksichtigen: Wenn Sie wissen, was Ihnen wirklich entspricht, und Ideen gesammelt haben, wie Sie dem

auf neue Weise Form geben können, fällt Abschied leichter. Es ist dann weniger das Ende von etwas gutem Alten als der Anfang von etwas gutem Neuen.

- **Zusätzliche Informationen oder das Mitdenken anderer Personen können nützlich sein.** Vielleicht geht es Ihnen wie der Coiffeuse, von der ich erzählt habe: Sie wissen, was Ihnen Freude macht, doch nicht so genau, welche konkreten Schritte Sie daraus ableiten können. Dann kann es nützlich sein, eine Person oder Organisation zu kontaktieren. Machen Sie gemeinsam ein Brainstorming und konkretisieren Sie Ihre Ideen.
- **Setzen Sie sich nicht unter Druck, gleich und ein für alle Mal den Kurs festlegen zu müssen.** Möglicherweise sind Zwischenschritte sinnvoll. Wenn Ihr motivierender Horizont etwa war, eine Familie zu gründen, sich aber herausgestellt hat, dass Sie keine Kinder bekommen können, dann kann jetzt eine Art »Zwischenhorizont« sein: »Wir verabschieden uns vom Wunsch nach eigenen Kindern. Und klären als Nächstes, ob wir ein Kind adoptieren wollen oder uns ganz vom Familienprojekt lösen.«

In Abbildung 28 finden Sie die obigen Schritte zusammengefasst.

Einen motivierenden Horizont entstehen lassen:
Welcher Kurs zeichnet sich ab?

- Welcher motivierende Horizont zeichnet sich ab?
- Welche bisherigen Perspektiven und Ziele will und kann ich beibehalten?
- Wie kann ich Altes in Neues transformieren?
- Welchen Kurs schlage ich jetzt ein?

Wenn Sie jetzt besser wissen, was Ihnen entspricht, und sich mit bisherigen und möglichen neuen Perspektiven und Zielen auseinandergesetzt haben, wird sich ein neuer Horizont abzeichnen, der Sie reizt, Ihnen entspricht und auf den Sie Kurs nehmen wollen und können.

Setzen Sie sich nicht unter Druck mit dem Anspruch »Ich muss doch jetzt wissen, was ich will!«. Wenn Sie erkunden, was Ihnen wirklich Freude macht und Energie gibt, und so den »Anschluss« an sich selbst finden, findet Ihr motivierender Horizont quasi über die Hintertür Eingang in Ihr Leben.

Ich wünsche Ihnen viel Freude am Entdecken und natürlich vor allem am Einschlagen eines guten neuen Kurses!

5 »Das geht nicht!«
Die »Geht-nicht«-Falle verlassen

> »Mach deine Gedanken nicht
> zu deinem Gefängnis.«
>
> William Shakespeare (1564–1616)
> Englischer Dramatiker, Lyriker und Schauspieler

In diesem Kapitel geht es um Sätze, mit denen begründet wird, warum man nicht handelt. Etwa: »Das geht nicht«, »Das ist bei mir unmöglich«, »Jetzt nicht«, »Ich habe nicht die nötigen Fähigkeiten«, »Ich bin zu alt dazu« oder auch »Vielleicht wird es ja wieder besser«.

Veränderungsprozesse erfordern Entschlossenheit und Mut zu handeln. Positive neue Erfahrungen und Situationen können sich nur einstellen, wenn man sich auf den Weg macht. »Geht-nicht«-Sätze sind Fallen, die die Erfahrung verhindern, mit mutigen Schritten vieles erreichen zu können.

Wie vorgehen, wenn solche Sätze im Spiel sind? Sie klingen oft so gut, dass man sie selbst glaubt und überzeugt ist, dass sie absolut realistisch sind.

Im Kern geht es darum zu klären, was hinter »Geht-nicht«-Sätzen steckt: Gibt es einen berechtigten, realen Grund, der vom Handeln abhält? Oder will man sich nicht wirklich auf die Veränderung einlassen und hat sich dazu ein Alibi zurechtgelegt? Für reale Hindernisse können reale Lösungen gesucht werden. Bei vielen dieser realen Hindernisse gibt es Verbindungen zu anderen Kapiteln dieses Buches. Mehr dazu bei Erfolgsfaktor → 2 in diesem Kapitel. Es ist aber wichtig, als Erstes abzuklären, ob man sich überhaupt damit beschäftigen will, eine Veränderung anzugehen. In diesem Kapitel können Sie klären, ob Sie es mit einem Alibi zu tun haben oder mit einem realen Hindernis. In beiden Fällen können Sie damit die »Geht-nicht«-Falle verlassen.

»Das geht nicht!«
Herr Senn ist unzufrieden. Er arbeitet seit Langem als Kundenberater bei einer Bank. Er ärgert sich über die vielen Veränderungen, die »von oben« angesetzt, schlecht kommuniziert werden, seiner Ansicht nach der Bank und auch den Kundeninteressen schaden. Er ist frustriert, dass der Kundenkontakt stets weniger Raum erhält. Auf meine Frage, welche Ideen er habe, diese unbefriedigende Situation zu ändern, meint er: »Das Beste wäre eine neue Stelle. Doch das geht nicht, mit 52 kann ich das vergessen.«

Jeder von uns kennt das wohl: Es gibt etwas, woran man sich stört, worunter man leidet, was man sich anders wünscht. Doch dann gibt es diese Sätze, die davon abhalten zu handeln.

Man nimmt sich z. B. vor, einige Kilos abzunehmen, aber »das ist jetzt unmöglich, ich habe gerade so viele Geschäftsessen«. Oder man spielt schon länger mit dem Gedanken, unbezahlten Urlaub zu nehmen für eine Reise, die auf der Wunschliste steht, doch »nicht jetzt, vielleicht nächstes Jahr«. Oder man leidet unter einer Beziehung, klagt bei Freunden darüber, doch auf die Frage: »Warum trennst du dich nicht?!« wendet man ein: »So einfach ist das auch wieder nicht.«

Mit den Fragen in Abbildung 29 können Sie sich vergegenwärtigen: Wie sieht das bei mir aus?

- Wenn Sie nicht ins Handeln kommen: Wie erklären Sie sich das?
- Gibt es Sätze, die suggerieren, dass Sie jetzt nicht handeln können? Wie lauten diese Sätze?
- Warum brauchen Sie diese Sätze, statt zu verändern, was Sie verändern wollen? Was steckt dahinter?
- Was gewinnen Sie, wenn Sie nicht handeln? Was ist der Vorteil?
- Was gewinnen Sie, wenn Sie tun, was Sie eigentlich tun wollen?

Vielleicht sind Sie gerade in einer Situation wie Herr Senn: Sie reden sich ein, dass Sie nicht ändern können, was Sie anders haben wollen. In Abbildung 30 finden Sie Anhaltspunkte, wann es empfehlenswert ist, dieser Überzeugung auf den Zahn zu fühlen.

Was steckt hinter »Geht-nicht«-Sätzen?

Anhaltspunkte, wann es sich lohnt, dies zu klären

- Sie haben nicht überprüft, ob die Begründung, warum Sie nicht in Bewegung kommen, wirklich stimmt.
- Sie beschäftigen sich mehr damit, was Sie stört, als damit, was Sie sich wünschen.
- Sie wissen selbst nicht so recht, warum Sie nicht tun, was Sie eigentlich tun wollen.
- Die Begründung, warum Sie jetzt Veränderung nicht angehen, überzeugt Sie selbst nicht. Kann es eine Ausrede sein?
- Die Situation bleibt unbefriedigend oder verschlechtert sich.
- Sie werden zunehmend unzufrieden.

In Abbildung 31 ist als Faustregel zusammengefasst, wann es empfehlenswert ist, Sätze, die vom Handeln abhalten, unter die Lupe zu nehmen. Trifft einer der Punkte bei Ihnen zu?

Was steckt hinter »Geht-nicht«-Sätzen?

☞ Faustregel

Es lohnt sich, dies zu erkunden, wenn

• Sie solche Sätze wiederholt und dauerhaft davon abhalten, zu tun, was Sie eigentlich tun wollen;

• die Situation unbefriedigend bleibt oder sich verschlechtert.

Die Auseinandersetzung mit »Geht-nicht«-Sätzen hat zum Ziel, dass Sie die damit verbundene Blockade lösen.

Dazu ist es nützlich zu verstehen, dass und warum solche Sätze zur Falle werden können. Und vor allem auch, wo anzusetzen ist, wenn man sie hinter sich lassen will.

Hintergrund und Ansatzpunkt

Wo Sätze wie »Das geht nicht«, »Ich kann jetzt nicht« davon abhalten, Veränderung zu wagen, spielt meist Folgendes mit:

• Es wird nicht geklärt, wie man auf solche Begründungen kommt und ob sie wirklich stimmen. Sie werden unhinterfragt benützt. Die Sache scheint damit erledigt, man hat einen Grund, warum man nicht handelt bzw. nicht handeln kann. Es wird nicht überprüft, was im Kern vom Handeln abhält.

• Es wird nicht geklärt, was man wirklich will. Ziele bleiben unklar oder sind nicht wichtig und attraktiv genug. Man schreckt davor zurück, das Leben selbstverantwortlich in die Hand zu nehmen, eigenständige Entscheidungen zu treffen und umzusetzen.

Solche Sätze sind an sich nichts anderes als Sätze. Jeder sagt mal »Ich kann jetzt nicht« oder »Das geht nicht«. Kritisch wird es, wo sie dauerhaft und wiederholt davon abhalten, Wichtiges anzupacken, wo sie zur Gewohnheit werden, wo reflexartig darauf zurückgegriffen wird. Wer etwa chronisch unter Stress am Arbeitsplatz leidet, aber am Satz »Ich habe keine Zeit, Ideen zu sammeln, was ich hier tun kann« auch dann festhält, wenn Lebensqualität, vielleicht sogar Gesundheit zunehmend zu wünschen übrig lassen, bringt sich mit der Zeit in Gefahr. Wer schon lange unzufrieden ist mit der Partnerschaft, sich aber einredet »Ich kann hier nichts tun. Und in keiner Partnerschaft ist alles optimal.« und sich weder damit beschäftigt, was im Kern vom Handeln abhält, noch damit, was erstrebenswert ist, verstrickt sich in Unzufriedenheit und Resignation.

»Geht-nicht«-Sätze beeinträchtigen Selbstwirksamkeit und gefährden langfristig Lebensqualität. Unter »Selbstwirksamkeit« wird in der Psychologie verstanden, das Leben aus eigener Kraft gestalten und positive Resultate bewirken zu können. Wer sich wiederholt von »Geht-nicht«-Sätzen davon abhalten lässt, Veränderung zu wagen, bringt sich um die Erfahrung, Schwieriges meistern zu können. Wer bei solchen Sätzen kleben bleibt und sich nicht fragt »Wie komme ich eigentlich darauf?«, »Stimmt das wirklich?«, »Was will ich und was kann ich dazu beitragen, dass sich meine Situation verbessert?«, erfährt nicht, durch Handeln vorwärtszukommen; dies wird gar nicht erst versucht. Stattdessen entsteht mit der Zeit ein Gefühl von Ohnmacht, Hilflosigkeit, Abhängigkeit, Machtlosigkeit. Irgendwann werden so die ursprünglich harmlosen Begründungen Realität: Man hat tatsächlich Mühe, sein Leben aktiv und selbstbestimmt zu gestalten. Weil es an Erfahrung und Erfolgserlebnissen fehlt, nehmen Motivation, Mut und Vertrauen in die eigene Kraft ab. So können »Geht-nicht«-Sätze in einen Teufelskreis führen, zur selbsterfüllenden Prophezeiung werden.

Es gibt viele Gründe, nicht zu handeln. Es gibt durchaus gute Gründe. Gute Gründe sind berechtigte Bedenken, Ängste und reale Hindernisse. Es gibt auch Alibis, Ausweichmanöver, plausibel klingende Erklärungen und Vorwände, warum man nicht tut, was man eigentlich tun will, oder zumindest vorgibt, tun zu wollen. Letztlich spielt dies nicht einmal eine Rolle. Entscheidend ist vielmehr: Wozu führt diese Begründung, warum ich jetzt nicht handle? Was sind die Konsequenzen? Will ich dies wirklich? Entscheidend ist, innezuhalten und zu klären: Ist es mir wirklich wichtig, dass sich meine Situation verbessert, oder ist es mir, wenn ich ehrlich bin mit mir selbst, letztlich nicht so wichtig und finde ich in solchen Sätzen praktische Alibis, die auch noch häufig sozial akzeptabel sind? Wenn einem Veränderung wirklich wichtig ist, gibt es nur eines: Genau hinschauen und klären, was hinter solchen Sätzen steckt, was der *wirkliche* Grund – berechtigt *oder* unberechtigt – ist, der davon abhält, aktiv zu werden. Dies befähigt, passend anzusetzen: Aus realen, berechtigten Gründen Informationen abzuleiten, was noch fehlt, um angemessen handeln zu können. Oder Alibis über Bord zu werfen.

In Abbildung 32 ist das Wichtigste zusammengefasst.

Wenn »Geht-nicht«-Sätze vom Handeln abhalten:
Hintergrund und Ansatzpunkt

☞ Oft scheinbar realistisch und sozial akzeptiert, erlauben »Geht-nicht«-Sätze, sich nicht mit den Gründen des Nicht-Handelns zu beschäftigen. Sie werden oft benützt, wenn Ziele nicht klar, wichtig, attraktiv genug sind und / oder wenn gescheut wird, das Leben selbstverantwortlich in die Hand zu nehmen.

☞ Ansatzpunkt ist es zu klären, was einem wirklich wichtig ist. Ist Veränderung jetzt wirklich Priorität, gilt es zu erkunden, was die wirklichen Gründe sind, nicht zu handeln, und was dann ein passendes Vorgehen ist. (32)

Es ist *möglich*, die »Geht-nicht«-Falle zu verlassen!

Herr Senn, von dem ich oben erzählt habe, hatte für seine unbefriedigende Situation am Arbeitsplatz zugleich eine Lösung und einen Grund, diese nicht weiter zu verfolgen: »Das Beste wäre eine neue Stelle. Doch mit 52 kann ich das vergessen.«

Ich fragte ihn als Erstes, wie denn eine optimale neue Stelle aussehen würde. Da er davon ausging, keine Stelle finden zu können, hatte er sich damit nicht beschäftigt. Ich fragte ihn, ob er schauen wolle, was möglich war; mit 52 sei es zwar tatsächlich nicht einfach, eine gute Stelle zu finden, aber auch nicht unmöglich. Ich erzählte ihm von einem Bekannten von mir, ebenfalls Bankberater, aber zehn Jahre älter, 62. Der hatte das Gleiche mitgemacht: Reorganisation, zunehmende Bürokratie, weniger Kompetenzen. Doch er hatte einen anderen Weg gewählt. Leidenschaftlich an seinem Fach interessiert, begann er sich umzusehen, sprach mit Kollegen. Er sagte sich: »Ich habe einen sehr interessanten Beruf. Ich will nicht frustriert auf einem Abstellgleis auf meine Pension warten.« Sein Fokus lag auf dem Interesse an seinem Fach. Nicht auf seinem Alter. Er fand eine sehr interessante Stelle bei einer kleinen, aber feinen Privatbank, die sich diesen passionierten, kompetenten Banker mit sehr viel Erfahrung und gutem Beziehungsnetz nicht entgehen lassen wollte. So wechselte mein Bekannter mit 62 die Stelle. Heute ist er 65 und arbeitet mit viel Freude für seine neue Bank.

Herr Senn reagierte, wie viele reagieren: »Ja, der hat es eben gut getroffen.« Und er blieb dabei: »Bei mir geht das nicht.« Zumindest war damit klar: Er wollte sich nicht mit der Stellensuche beschäftigen.

Ich nahm die Alternative in den Blick: Ob er sich damit beschäftigt habe, wie er die Situation am Arbeitsplatz erträglicher machen könnte, etwa indem er konstruktive Kritik und Vorschläge einbringe, seine Haltung ändere oder nach Wegen suche, dem, was ihm an der Arbeit Freude mache, möglichst viel Raum zu geben. Selten ist in unbefriedigenden Situationen überhaupt nichts zu ändern. Herr Senn hatte sich darüber keine Gedanken gemacht. Und hatte auch hier eine Begründung: »Ich habe kaum Spielraum.«

Schließlich sagte ich: »Also Herr Senn, Sie sind jetzt 52. Sie ärgern und beklagen sich über die Arbeitssituation. Eine neue Stelle suchen wollen Sie nicht. Schauen, wie Sie die Situation erträglicher machen können, ist für Sie auch keine Option. Wie, um Himmels willen, werden Sie das denn so noch 15 Jahre durchhalten?« Da antwortete er: »Ach, ich verdiene ganz ordentlich. Das kompensiert den Ärger etwas. Meine Familie ist mir wichtiger als die Arbeit. Ich bin in einem Verein engagiert. Es ist mir ehrlich gesagt zu anstrengend, alles auf den Kopf zu stellen.« Aha. Ich fragte ihn: »Was wollen Sie denn jetzt?! Wenn Sie über Ihre Arbeitssituation schimpfen, kann ich Ihnen helfen, Lösungen zu finden. Ich habe den Eindruck, dass Ihnen das nicht das Wichtigste ist. Dann wissen Sie, was Sie wollen. Dann gilt es, dazu zu stehen.« Er schaute mich verdutzt und fast erleichtert an. So hatte er es noch nicht angeschaut.

Ließ Herr Senn den Satz »Mit 52 finde ich keine Stelle« damit fallen? Kaum. Aber im Gespräch wurde klar, dass er keine neue Stelle anstrebte; die Arbeitssituation belastete ihn letztlich doch nicht so sehr und hatte zu viel Vorteile, als dass er sich aufraffen wollte, die Situation zu ändern. Das ist eine Entscheidung. Er hätte auch entscheiden können wie mein Bekannter.

Sätze wie »Das ist bei mir jetzt nicht möglich« laden ein, sich zu fragen: Was will ich wirklich? Wenn darauf eine ehrliche Antwort gefunden wird, entsteht Freiraum, das zu machen, was dann nahe liegt: Entweder weitermachen wie bisher. Dies erfordert dann aber auch die Bereitschaft, dazu zu stehen. Oder näher zu erkunden, was hinter dieser Begründung wirklich liegt.

Als Nächstes erhalten Sie Anregungen, wie Sie Klarheit schaffen können, wenn »Geht-nicht«-Sätze vom Handeln abhalten.

Die zwei entscheidenden Erfolgsfaktoren

Wenn »Geht-nicht«-Sätze Veränderung verhindern, führt die Auseinandersetzung mit zwei Themen weiter:

- *Farbe bekennen: Will ich diese Veränderung angehen oder will ich das nicht?*
- *Erkunden: Was steckt hinter »Geht-nicht«-Sätzen? Und wie gehe ich dann vor?*

→ 1: Farbe bekennen: Will ich diese Veränderung angehen oder will ich das nicht?

Es ist am effektivsten, sich als Erstes die Grundsatzfrage zu stellen: Will ich mich auf diese Veränderung einlassen oder will ich das (noch) nicht? Meist weiß man intuitiv, ob man alles daransetzen will, um ins Handeln zu kommen, oder ob man wenig Energie dafür übrig hat, vielleicht auch die Veränderung ablehnt.

Es gibt viele und gute Gründe, etwas (noch) nicht zu wollen. Nichts ist verkehrt damit. Wichtig ist aber, sich darüber im Klaren zu sein und dazu zu stehen. So können Sie auf eine Weise vorgehen, die zu Ihrer Entscheidung passt. Entweder sind Sie entschlossen: »Ja, ich will diese Veränderung und ich will verstehen, warum ich nicht in Gang komme und wie ich dies ändern kann.« Oder Sie atmen befreit auf: »Ich gestehe mir zu und stehe dazu, dass ich jetzt nicht aktiv werden will.« Das schafft Klarheit und gibt Luft. Es entsteht Raum zu tun, was man dann tun will. Es braucht keine Alibis mehr.

Wie Sie auf den Punkt kommen:

- **Erkunden Sie: Ist mir wirklich daran gelegen, diese Veränderung anzupacken?** Woran ist dies erkennbar? Wollen Sie alle Informationen und alle Hilfe, die Sie nur irgendwie bekommen können, aufnehmen und wissen, wie Sie das umsetzen können? Bitten Sie andere um Hilfe und Mitdenken, wie Sie vorgehen können? Oder kommen Sie immer wieder zum Standpunkt »Das geht nicht!« zurück, verteidigen diesen mit ausgeklügelten Argumenten?
- **Schauen Sie zurück: Habe ich mich damit beschäftigt, wie ich diese Veränderung auf gute Weise angehen kann?** Haben Sie sich mit Möglichkeiten und Wegen auseinandergesetzt, wie Sie vorgehen können? Oder haben Sie immer wieder Gründe gehabt, das nicht zu tun?
- **Vergegenwärtigen Sie sich: Wie reagiere ich, wenn andere mit guten Ideen, Vorschlägen, Informationen kommen?** Sind Sie offen dafür? Interessiert es Sie, was andere Nützliches zu sagen haben? Erkunden Sie, ob deren Anregungen Sie weiterbringen könnten? Oder ist es für Sie unangenehm, wenn andere mit Ideen und Vorschlägen kommen, reagieren Sie ablehnend, gereizt, heftig oder wechseln das Thema?

- **Kommen Sie zu Ihrer Antwort: Was ist mein Fazit?** Spüren Sie nur noch deutlicher, Ihre Motivation anzupacken – auch wenn es etwas gibt, was es schwer macht, in Gang zu kommen? Oder fehlt diese Motivation? Kommen Sie zum Schluss, dass Sie diese Veränderung jetzt nicht angehen wollen, zumindest nicht, wie Sie meinen, vorgehen zu müssen? Nichts ist falsch damit. Es ist vielmehr ehrlich. Und Basis, neu zu schauen: Was jetzt?

Berücksichtigen Sie bei diesen Erkundungen:
- **Seien Sie ehrlich mit sich selbst.** Biegen Sie Ihre Antwort nicht zurecht, sodass diese »gut« aussieht. Lassen Sie sich möglichst wenig beeinflussen durch Druck (»Ich muss doch jetzt diese Therapie machen, der Arzt hat das angeordnet!«), Angst vor Reaktionen Ihres Umfelds (»Was denken auch meine Freunde, wenn ich vorerst in dieser unbefriedigenden Beziehung bleibe?!«) oder Befürchtungen, dass Ihr Leben zum Stillstand kommt (»Ich muss doch etwas tun, sonst nimmt mein Elend kein Ende!«). Ehrlichkeit bringt Sie in Kontakt mit sich selbst, setzt Energie frei und gibt Raum für Schritte, hinter denen Sie stehen.
- **Gestehen Sie sich zu, eigenständig zu entscheiden, was Sie jetzt wirklich wollen.** Sie sind niemandem Rechenschaft schuldig außer sich selbst. Gerade große Veränderungsschritte können Sie nur gut umsetzen, wenn Sie voll und ganz dahinter stehen. Der beste Weg, eine Basis zu schaffen, die Sie vorwärtskommen lässt, ist es, erst einmal zu klären, wo Sie *jetzt* stehen.
- **Ihre Entscheidung ist *jetzt* richtig. Sie können sie jederzeit ändern.** Gut möglich, dass das schnell der Fall sein wird. Wo der Druck, etwas wollen zu müssen, was man eigentlich nicht will, wegfällt, entsteht Raum. Alibis werden überflüssig. Sie können sich entweder anderen Dingen zuwenden. Oder Sie können sich dazu entschließen, Ihre Gründe fürs Nicht-Handeln genauer zu erkunden. Es könnte ja sein, dass Sie von Annahmen ausgehen, die nicht stimmen, und dass es sich doch lohnt, aktiv zu werden …

In Abbildung 33 sind die obigen Schritte zusammengefasst.

Die »Geht nicht«-Falle verlassen:

Will ich diese Veränderung angehen oder will ich das nicht?

- Ist mir wirklich daran gelegen, diese Veränderung anzupacken?
- Habe ich mich damit beschäftigt, wie ich diese Veränderung auf gute Weise angehen kann? Wie?
- Wie reagiere ich auf gute Ideen, Vorschläge, Informationen?
- Fazit? Will ich jetzt diese Veränderung angehen oder nicht?

→ 2: Erkunden: Was steckt hinter »Geht-nicht«-Sätzen? Und wie gehe ich dann vor?

Wenn die Sache für Sie nicht gleich erledigt ist, ist der nächste Schritt: Erkunden, was hinter »Geht nicht«-Sätzen steckt, welche berechtigte oder auch unberechtigte Gründe wirklich im Spiel sind. Vielleicht wollen Sie dies auch tun, wenn Ihr Fazit war »Nicht jetzt«. Gut möglich, dass Sie dann sagen: »Aha, jetzt ist mir klar, was los ist«, und sich doch auf den Weg machen.

Im Folgenden werden Sachverhalte genannt, die »Geht nicht«-Sätzen häufig zugrunde liegen. Schauen Sie, was bei Ihnen anklingt. Mehrere dieser Sachverhalte werden in anderen Kapiteln dieses Buches behandelt; dann wird hier darauf verwiesen. Wenn es gut ist, finden Sie im entsprechenden Kapitel Anregungen, die Sie weiterkommen lassen. Vielleicht wollen Sie auch die Checkliste im Schlusskapitel dieses Buches durchgehen; auch dort finden Sie Verweise, in welchen Kapiteln Themen, die für Sie relevant sind, behandelt werden.

Was hinter »Geht-nicht«-Sätzen stecken kann:

- **Es fehlen Informationen.** Frau L. schiebt die Entscheidung für eine Operation vor sich her: »Nicht jetzt, ich warte mal ab.« Die Operation ist riskant, und es gibt unterschiedliche Aussagen. Der Weg aus dem Abwarten: Frau L. beschafft Informationen zu ihren Fragen, holt eine Zweitmeinung ein, kontaktiert eine Patientenorganisation. Sie beschäftigt sich mit den Risiken, wägt Vor- und Nachteile ab. So findet sie zu einer Entscheidung. Es ist nützlich, sich bei einem »Geht-nicht«-Satz zu fragen: Benötige ich Informationen, die mir helfen, ins Handeln zu kommen?

- **Es gibt ein reales Hindernis.** Fakten oder Umstände können es real anspruchsvoll machen zu handeln und lassen in einen »Geht-nicht«-Satz flüchten. So können etwa »zu viele Baustellen« lähmen. In Kapitel 1 finden Sie Anregungen, wie Sie dann anders vorgehen können, als sich mit einem »Geht-nicht«-Satz zu blockieren. Was sind bei *Ihnen* benennbare Fakten, die Handeln erschweren? Was benötigen Sie, um darauf einzuspielen? Informationen? Mitdenken einer anderen Person? Besonders gut überlegte, kleine erste Schritte?

- **Das Ziel ist objektiv schwer erreichbar.** Herr Senn, von dem ich oben erzählt habe, hatte mit seinem Einwand »mit 52 finde ich keine Stelle mehr« einen Punkt: Es *ist* anspruchsvoll, mit 52 eine Stelle zu finden. Dies ist aber kein Grund für ein Alibi. Sondern Anlass, umso sorgfältiger zu schauen, wie man auf dieses »Handicap« einspielen kann. Dazu mehr in Kapitel 8, dort vor allem Erfolgsfaktor → 1.

- **Das Ziel ist nicht attraktiv.** Herr A. ist Herzpatient. Er muss den Lebensstil ändern, die Ernährung umstellen, nicht mehr rauchen, sich mehr bewegen. *Muss.* Für ihn keine attraktive Sache. Kein Wunder, dass er auf Sätze zurückgreift wie »Heute kann ich nicht ins Training gehen«, »Ich beginne nächste Woche mit der Diät« und »Ach, ein bisschen Genuss muss doch sein; zudem gibt es Menschen, die rauchen wie ein Schlot und werden dennoch alt!« Solche Alibis werden überwunden, indem man für sich selbst das Ziel attraktiv macht: Wozu lohnt sich die Strapaze? Herr A.s Antwort: »Es lohnt sich, weil ich dann wieder fit bin und mit meinem Enkel Fußball spielen kann. Das macht so viel Freude!« Der Fokus liegt nicht mehr auf dem, was unattraktiv ist, sondern auf Erstrebenswertem, nicht mehr auf Verlust, sondern auf Gewinn. Sie brauchen ein unattraktives Ziel nicht schönzureden, sich anzustrengen, etwas daran gut zu finden. Finden Sie vielmehr heraus, was Sie gewinnen können. Das hilft, in den sauren Apfel zu beißen. Und auf »Geht-nicht«-Sätze zu verzichten.

- **Das Ziel ist vorgegeben.** Herr T. hat Mühe mit einer Reorganisation in seiner Firma. Er meint resigniert »Ich kann hier nichts ändern« und hängt innerlich ab. Auf Dauer schadet man sich so selbst. Schauen Sie: Wie kann ich ein vorgegebenes Ziel für meine Entwicklung nutzen? Wie kann ich daraus eigene Ziele formulieren? Wann würde ich sagen: »Ich mache etwas Gutes für mich daraus.«? So fokussiert Frau P., Pflegedienstleiterin in einer großen Klinik, in einer Reorganisation darauf, es ihrem Team gegenüber besser zu machen als ihre Vorgesetzten. Mit dem Resultat, dass die Mitarbeitenden für sie durchs Feuer gehen. Zudem leitet sie ihren Vorgesetzten reale Probleme und auch Lösungsvorschläge sachlich und loyal weiter. Nicht immer stößt dies auf offene Ohren. Dennoch erfährt Frau P. die Situation als produktiv; sie macht persönlich Erfahrungen, die sie weiterbringen.

- **Die vorgenommenen Schritte sind zu groß.** Frau B. ist verschuldet. Sie will endlich die prekäre finanzielle Situation anpacken, mit dem Steuerberater sprechen, die Gläubiger kontaktieren, ein Budget machen, sich vom Schuldensanierer beraten lassen, eine kleinere Wohnung suchen, einen besser bezahlten Job suchen. Wird Ihnen jetzt beim Lesen schwindlig? Genau. Wer sich zu viel vornimmt, flüchtet schnell einmal zu Sätzen wie »Nicht heute«. Bestimmen Sie Schritte, die machbar sind. Schreiben Sie ruhig alle Ideen und möglichen Schritte auf. Und wählen Sie dann *einen* Schritt, den Sie als Erstes machen wollen und können. Die anderen werden folgen. In Kapitel 1 finden Sie Anregungen zu Situationen, in denen vieles ansteht.

- **Sie können die Veränderung (noch) nicht akzeptieren.** Herr E. ist mit der Diagnose Parkinson konfrontiert. Er lehnt es kategorisch ab, passende neue Wege zu finden: »Lebensqualität gibt es für mich nicht mehr. Daran lässt sich nichts ändern.« Es ist verständlich, dass bei so eingreifenden Veränderungen erst mal keine Handlungsräume mehr gesehen werden. Wo es aber dabei bleibt, verhindert dies neue gute Erfahrungen. Zu gegebener Zeit gilt es, die neue Ausgangslage nüchtern zu akzeptieren als das, was sie ist: Die neue Ausgangslage. Ohne Schlimmes schönzureden oder künstlich positiv denken zu wollen, ist zu erkunden: Was hilft mir, zu sagen »Es ist, wie es ist. Und jetzt schaue ich, wie ich mich für Dinge einsetzen kann, die mir wichtig sind.«?

- **Sie schrecken vor Risiken zurück.** Herr S. ist glücklich, sich einen Traum erfüllt zu haben: Cello spielen zu lernen. Es klingt noch nicht lupenrein. Der Nachbar reagiert ärgerlich. Herr S. ist frustriert. Was tun? Er will nicht aufs Cellospielen verzichten. Konfrontation in Kauf nehmen? Angst vor möglicher Eskalation führt zum »Jetzt ist gerade kein günstiger Moment«. Handeln erfordert Mut und ist mit Risiken verbunden. Erkunden Sie: Was wäre das Schlimmste, was passieren kann? Wie kann ich dann vorgehen? Wägen Sie ab: Was sind Vor- und Nachteile, wenn Sie tun, was Sie tun wollen? Braucht es kleinere Schritte? Oder zusätzliche Informationen? Kapitel 9 gibt weitere Anregungen.

- **Vorurteile:** Herr M. ist Herzpatient. Er sollte abnehmen und »herzgesund« essen. Er tut sich schwer damit. Er will nicht so ein »Körnlipicker« werden, wie er das nennt. Wenn es Ihnen geht wie Herrn M.: Stimmt eigentlich, was Sie befürchten? Sind etwa Menschen, die gesund essen, »Körnlipicker«? Vorurteile lösen sich bei genauer Betrachtung oft in Luft auf.

- **Opferdenken oder Hilflosigkeit:** Frau Z. ärgert sich: »Der Chef gibt alle interessanten Aufträge der Kollegin. Ich werde immer benachteiligt. Daran kann ich nichts ändern.« Frau O. meint hilflos: »Ich wünsche mir schon, dass der Konflikt mit meinem Partner gelöst wird. Aber ich habe einfach keine Ahnung, was ich tun kann …« Opferdenken und Hilflosigkeit verhindern die Erfahrung, den Gang der Dinge beeinflussen und Erfreuliches bewirken zu können. Hier gibt es nur eines: Sich kritisch zu fragen: Stimmt es, dass ich Opfer bin? Woran mache ich das fest? Was wäre, wenn ich *kein* Opfer wäre? Was würde ich dann tun? Und dann entsprechend vorgehen.

- **Ihre Lebensorientierung blockiert Sie.** Wenn Sie z. B. der Auffassung sind, dass man nicht einfach Freude haben darf an dem, was man tut, erstaunt es nicht, wenn Sie auf die Ermunterung eines Freundes »Such dir doch eine Stelle, die dir Freude macht« ablehnend meinen: »Das ist eine Utopie.« Erkennen Sie bei einem »Geht-nicht«-Satz vertraute Überzeugungen? Dann empfehle ich die Lektüre von Kapitel 3.
- **Das Umfeld stellt sich Ihren Zielen entgegen.** Vielleicht geht es Ihnen wie Frau W.: Sie arbeitet im Personalwesen und hat Ambitionen, will Karriere machen. In ihrem Umfeld ist das verpönt. Frau W. gerät in einen Konflikt. Was hier weiterhilft: Pro und Kontra anschauen. Was kann ich verlieren, wenn ich meinem Ziel treu bleibe? Was kann ich gewinnen? Was ist mir letztlich wichtiger? Wie ginge es mir, wenn ich dem »Frieden« zuliebe auf mein Ziel verzichte? Könnte ich damit leben? Oder wäre ich unzufrieden? Was ist das überhaupt für ein »Frieden«, der darauf beruht, dass ich mich konform verhalte? Was ist das für ein Umfeld, das ablehnt, was mir wichtig ist? Wägen Sie ab und treffen Sie eine Entscheidung, hinter der Sie stehen und deren Konsequenzen Sie zu tragen bereit sind. Stehen Sie zu sich selbst. Menschen, für die Sie wirklich wichtig sind, klatschen vielleicht nicht Beifall zu Ihren Zielen, doch lehnen Sie deswegen nicht ab. In Kapitel 6 finden Sie Anregungen zum Umgang mit dem sozialen Umfeld.
- **Sie haben letztlich andere Prioritäten.** Vielleicht kommen Sie nicht in Gang, weil Ihnen nicht wichtig genug ist, was Sie sich vorgenommen haben, um dafür Aufwand und Risiken in Kauf zu nehmen. Stehen Sie dazu. Dann brauchen Sie kein Alibi mehr.

Berücksichtigen Sie bei diesen Schritten:
- **Bleiben Sie möglichst offen und neugierig.** Sie können viel über sich selbst lernen. Je nüchterner und offener Sie sich damit beschäftigen, was »Geht-nicht«-Sätzen zugrunde liegt, desto eher werden Sie Antworten finden, die weiterführen.

- **Verlieren Sie sich nicht in Spekulationen.** Es geht primär darum, dass Sie Ansatzpunkte finden, wie Sie das »Geht nicht« hinter sich lassen können. Verlieren Sie sich nicht in psychologisierenden oder anderen Spekulationen, etwa »Warum fällt mir das Handeln nur so schwer – vielleicht, weil ich als Kind nicht unterstützt wurde zu tun, was mir wichtig ist?«

- **Keine neuen Rechtfertigungen und / oder Beschuldigungen!** Entwickeln Sie keine neuen Alibis, etwa »Ich bin eben nicht entschlussfreudig«. Beschuldigen Sie weder sich noch andere »Ich bin wirklich die Hinterletzte, dass ich nicht tue, was ich tun will!« oder »Wenn mein Partner anders wäre, würde ich jetzt schon handeln«. Bleiben Sie strikt dabei: Wo finde ich hier Antworten, die mir helfen zu tun, was ich jetzt tun will?

In Abbildung 34 finden Sie die obigen Schritte zusammengefasst.

Die »Geht-nicht«-Falle verlassen:

Was steckt dahinter? Was wäre ein passendes Vorgehen?

Trifft einer der folgenden Sachverhalte zu?:

- Es fehlen Informationen.
- Es gibt ein reales Hindernis.
- Das Ziel ist objektiv schwer erreichbar.
- Das Ziel ist für mich nicht attraktiv.
- Das Ziel ist vorgegeben.
- Die Schritte, die ich mir vorgenommen habe, sind zu groß.
- Ich kann die Veränderung (noch) nicht akzeptieren.
- Ich schrecke vor Risiken zurück.
- Ich lasse mich von Vorurteilen abhalten.
- Opferdenken und Hilflosigkeit sind im Spiel.
- Meine Lebensorientierung blockiert mich.
- Das Umfeld stellt sich meinen Zielen entgegen.
- Ich habe letztlich andere Prioritäten.

Was erkenne und folgere ich? Wo kann ich ansetzen? (34)

Wenn Sie einige dieser Anregungen aufgenommen haben, werden Sie mehr Klarheit gewonnen haben, was Sie wollen. Sie werden besser verstehen, warum Sie nicht handeln. Damit können Sie dort ansetzen, wo es für Sie jetzt Sinn macht: Entweder die Sache einmal stehen zu lassen; oder reale Lösungen für reale Probleme zu finden. In beiden Fällen können Sie dann wieder ins Handeln kommen. Sie benötigen dann keine Alibis mehr. Viel Erfolg!

6 »Reaktionen anderer verunsichern mich«
Klug mit Bemerkungen aus dem sozialen Umfeld umgehen

> *»Geh deinen Weg und lass die Leute reden.«*
>
> Dante Alighieri (1265–1321)
> Italienischer Dichter und Philosoph

In diesem Kapitel geht es um den Umgang mit Äußerungen aus dem sozialen Umfeld, die bei einem Veränderungsvorhaben hemmend wirken oder gar dazu führen, Begonnenes abzubrechen.

Wenn wir Veränderung angehen, reagiert das soziale Umfeld darauf. Oft unterstützend. Manchmal verunsichernd. Es ist wichtig, sich bewusst zu sein, dass andere nicht immer applaudieren, wenn man Veränderung wagt.

Wie vorgehen, wenn die Reaktionen anderer die eigene Aufmerksamkeit absorbieren? Wann ist es sinnvoll, sich damit auseinanderzusetzen, und wann lässt man die Leute am besten reden?

Im Kern geht es darum zu lernen, Stimmen aus dem Umfeld zu hören und zugleich dem eigenen Veränderungsvorhaben und sich selbst treu zu bleiben. Davon handelt dieses Kapitel.

>> *Reaktionen anderer verunsichern mich.«*
Frau Frei kommt in der Pause eines Seminars zu mir und erzählt: Sie steht kurz vor der Pensionierung. Sie freut sich auf die neue Lebensphase.

Sie hat Pläne und Ideen. Doch: Verschiedentlich hört sie Stimmen wie »Pass auf, dass du nicht in ein Loch fällst!«, »Was machst du dann die ganze Zeit?«, »Dir werden die sozialen Kontakte fehlen!« Solche Bemerkungen trüben nicht nur Frau Freis Vorfreude auf die neue Lebensphase; sie verunsichern sie. Nimmt sie diesen Übergang vielleicht zu leicht? Ihre Frage: Wie gehe ich damit um?

Sicherlich haben Sie dies auch schon erlebt. Sie sind etwa auf Stellensuche und der Nachbar fragt: »Hast du noch keine Stelle?!« Oder Sie wünschen sich ein Kind, aber der Nachwuchs lässt auf sich warten. Eine Freundin meint: »Das ist sicher psychisch. Du bist zu gestresst.« Oder Sie freuen sich auf das Zusammenziehen mit Ihrem Partner, der in einer anderen Stadt wohnt, und hören: »Schau, dass du nicht abhängig wirst von ihm. Du kennst dort doch niemanden.«

Vielleicht wollen Sie sich anhand der Fragen in Abbildung 35 vergegenwärtigen, wie das in Ihrer Situation aussieht.

Die Ausgangslage klären:
Wie reagiert das Umfeld auf mein Veränderungsvorhaben?

- Gibt es Stimmen, die hängen bleiben, Ihre Aufmerksamkeit absorbieren, Sie irritieren, verunsichern und beeinträchtigen, Veränderungsschritte umzusetzen?
- Was sagen diese Stimmen?
- Von wem kommen diese Stimmen? Wie wichtig ist / sind diese Person(en) für Sie?
- Wie haben Sie bisher auf diese Stimmen reagiert? Resultat?

Aus den Anhaltspunkten in Abbildung 36 können Sie ableiten, ob es in Ihrer Situation sinnvoll ist, sich mit einer bestimmten Äußerung näher zu beschäftigen.

- An der Äußerung ist sachlich etwas dran, was Sie möglicherweise zu wenig oder nicht berücksichtigt haben.
- Sie bleiben mental bei dieser Äußerung hängen.
- Diese Äußerung löst in Ihnen Irritation, Ärger, Aggression, Angst, Verunsicherung, Zweifel aus.
- Sie haben Angst, diese Person(en) zu verlieren, wenn Sie Ihr Veränderungsvorhaben umsetzen.
- Sie werden oder fühlen sich unter Druck gesetzt oder manipuliert.
- Ihr Handeln wird durch diese Stimme beeinträchtigt.
- Die Überprüfung, ob diese Reaktion sachlich berechtigt ist, ergibt, dass das nicht der Fall ist. Dennoch bleiben Sie verunsichert oder beginnen, an sich oder Ihrem Vorgehen zu zweifeln. (36)

In Abbildung 37 ist als Faustregel zusammengefasst, wann es empfehlenswert ist, sich mit Reaktionen aus dem Umfeld zu beschäftigen. Trifft einer der Punkte bei Ihnen zu?

Sich mit Reaktionen aus dem Umfeld beschäftigen:

☞ Faustregel

Es ist sinnvoll, sich mit Reaktionen zu Ihrem Veränderungsvorhaben auseinanderzusetzen, wenn diese

- sachlich begründet / für Ihr Vorwärtsgehen wichtig sein könnten;
- hängen bleiben und Ihr Vorwärtsgehen beeinträchtigen. (37)

Die Beschäftigung mit Reaktionen aus dem Umfeld sollte kein Selbstzweck werden. Ziel ist es, dass Sie dadurch rasch in der Lage sind, Ihren Weg fortzusetzen – sei es, dass Sie Nützliches einbeziehen, sei es, dass Sie passende Wege finden, wie Sie mit Bemerkungen umgehen, die Ihr Vorankommen beeinträchtigen.

Dazu ist es hilfreich, im Blick zu haben, was im Wechselspiel zwischen eigenem Verhalten und Umfeld ablaufen kann; so lassen sich Ansatzpunkte für ein passendes Vorgehen finden.

Hintergrund und Ansatzpunkt

Es gibt unzählige Gründe, warum und wie Menschen auf das reagieren, was Sie tun. Und es gibt ebenso unzählige Gründe, warum und wie Sie solche Äußerungen aufnehmen. Während die eine Person sich von einer Bemerkung verunsichern lässt, wird die andere wütend, die dritte kann es stehen lassen oder denkt: »Der hat heute wohl einen schlechten Tag.« Während die eine Person eine ermunternde Bemerkung oder einen Tipp dankbar aufnimmt, reagiert die andere gereizt. Und: Während man die kritische Frage einer Freundin akzeptieren kann, bleibt eine Bemerkung der Nachbarin tagelang hängen.

Im Wechselspiel zwischen eigenen Veränderungsschritten, Reaktionen anderer darauf sowie der Art, diese aufzunehmen, spielen sehr viele Faktoren mit.

Daher ist es am besten, gleich in der konkreten Situation zu schauen, was sich genau abspielt. Mit Erfolgsfaktor → 2 in diesem Kapitel können Sie das in Bezug auf eine Bemerkung, die bei Ihnen hängen bleibt, und in Orientierung an einigen Hintergründen, die erfahrungsgemäß häufig eine Rolle spielen, tun.

An dieser Stelle möchte ich Ihnen empfehlen, sich im Umgang mit Reaktionen anderer auf Ihre Veränderungsschritte grundsätzlich drei Dinge gegenwärtig zu halten:

- Sie bewirken *immer* Reaktionen, wenn Sie Veränderung angehen.
- Erwarten Sie keinen Beifall zu dem, was Sie anpacken.
- *Sie* haben die Regie, *Sie* bestimmen, welche Stimmen für Sie hilfreich sind und welche Sie freundlich stehen lassen.

Ihr Umfeld nimmt Ihre Veränderungsschritte wahr und reagiert darauf. Das ist völlig normal, ja wünschenswert, oft auch hilfreich.

Viele Menschen erwarten, dass das Umfeld positiv und unterstützend reagiert, wenn Sie Veränderung wagen. Das ist ein Trugschluss. Frau W. ist erfolgreich auf Diät. Ihr Mann meint: »Muss das unbedingt sein?! Die paar Kilos gehören doch zu dir.« Oder: Frau A. übt sich darin, am Arbeitsplatz Ideen und Vorschläge einzubringen, statt wie bisher die Faust im Sack zu machen. Sie freut sich, dass ihr das immer besser gelingt. Eine Kollegin meint spitz: »Ist es dir in den Kopf gestiegen? Meinst du, uns sagen zu müssen, was wir zu tun haben?!« Je weniger Beifall Sie erwarten, desto weniger machen Sie sich abhängig von Ansichten, Meinungen oder auch Manipulierungsversuchen anderer. Und desto mehr können Sie sich freuen über alle ermutigenden, hilfreichen Bemerkungen.

Es ist nützlich, sich zu vergegenwärtigen, was in der Interaktion mit anderen alles hereinspielt. In der Kommunikationstheorie werden vier Ebenen unterschieden:

1. Die Sachebene: Eine Bemerkung kann gute sachliche Gründe haben. Sie sind etwa auf dem Sprung, ein Haus zu kaufen. Ein Freund, der sich im Immobilienmarkt auskennt, rät Ihnen ab. Vielleicht trifft er einen Punkt. Wichtig ist nun: Sind Sie offen, sachliche Aspekte aufzunehmen und zu überprüfen, ob diese für Sie wichtig sind? Oder lehnen Sie alles ab, was diese Person sagt?

2. Die Ebene der Selbstoffenbarung: Wenn Menschen auf Ihr Vorgehen reagieren, sagen sie immer auch etwas über sich selbst. Sie haben ihre Anschauungen, Werte und Normen, Erfahrungen sowie ihre eigenen Veränderungsthemen. Aus dieser Optik reagieren sie auf das, was Sie tun – egal, ob das für Sie und Ihre Situation zutreffend und wichtig ist. Sie halten es etwa für mutig, wenn Sie Ihre Stelle kündigen, um Ihren Traum einer Weltreise zu realisieren. Oder sie finden dies dumm; beim heutigen Arbeitsmarkt sollte man nicht kündigen. Werte und Normen einer Person können zu direkter Kritik führen. Frau I. hat sich entschieden, ihren anstrengenden Job aufzugeben. Frau I.s Vater findet, dass sie es sich zu bequem macht: »In meiner Zeit gab man nicht so schnell auf.« Ohne andere Personen zu psychologisieren (»die hat wohl ein Pro-

blem«) ist es hilfreich, sich zu fragen: Was sagt diese Person über sich selbst? Das hilft, nicht gleich darauf anzuspringen, sich verunsichern, ärgern zu lassen.

3. Die Ebene der Beziehung: Die Art der Beziehung beeinflusst die Kommunikation zwischen Menschen. Ob man sich freundschaftlich und wohlgesonnen ist, auf Augenhöhe partnerschaftlich miteinander verkehrt, in einem Abhängigkeits- oder Konkurrenzverhältnis steht oder Antipathie den Kontakt bestimmt, beeinflusst, wie Menschen auf Ihr Veränderungsvorhaben reagieren und wie Sie das aufnehmen. Es ist nützlich, sich zu vergegenwärtigen: Wie stehen wir zueinander? Beeinflusst mich das, was zwischen uns abläuft und wie ich hier reagiere?

4. Die Appellebene: Menschen wollen Sie bewusst oder unbewusst beeinflussen, wohlwollend oder auch manipulierend. Sie wollen Sie etwa vor schlechten Erfahrungen bewahren und kommen mit Ratschlägen; guten oder auch solchen, die in Ihrer Situation wenig hilfreich sind und Sie nerven. Vielleicht wollen andere Sie auch aktiv von einem Vorhaben abbringen oder dazu bewegen, auf eine Weise vorzugehen, die den Normen dieser Person oder einer bestimmten Gruppe entsprechen. Max eröffnet seinen Eltern, dass er seine Freundin heiraten wird. Die Eltern raten Max ablehnend, sich das »gut zu überlegen«. Es kann bei Ratschlägen bleiben, aber auch zu Sanktionen oder Ausschluss aus der sozialen Gruppe kommen. Wer Veränderung wagt, kann eine Bedrohung für die soziale Gruppe sein. Wer sich dessen bewusst ist, kann angemessener vorgehen als sich einschüchtern zu lassen, falsche Kompromisse einzugehen oder auf Konfrontation zu gehen. Es ist nützlich, sich zu fragen: Wozu will diese Person mich bewegen? Was sind ihre Interessen?

Wenn Sie sich diese Aspekte vor Augen halten, können Sie besser erreichen, was wichtig ist: sich nicht abhängig machen von dem, was andere für gut, richtig oder falsch halten, zugleich aber auch nicht mit Scheuklappen und Ohrstöpseln unterwegs sein. Das wäre schade, denn es gibt Reaktionen, die wertvoll und berechtigt sind – auch kritische! Schauen Sie sich Reaktionen, die bei Ihnen hängen bleiben, in aller Ruhe an. *Sie* bestimmen, was für Sie berechtigte, bedenkenswerte, nützliche Reaktionen sind und welche bei ehrlicher Betrachtung weder auf Sie zutreffen noch für Sie jetzt wichtig oder sogar schädlich sind. Freuen Sie sich an wohlgesinnten, aufbauenden und hilfreichen Äußerungen. Entwickeln Sie Strategien, wie Sie beeinträchtigende Reaktionen dort stehen lassen können, wo sie hingehören: bei der Person, von der sie kommen. Behalten Sie die Regie. Ziel bleibt immer, dass Sie motiviert und erfolgreich umsetzen und erreichen können, was für Sie und Ihre Entwicklung wichtig ist. Je besser Sie wissen, was Sie tun und warum, desto weniger fühlen Sie sich verunsichert oder angegriffen; Sie können dann Reaktionen als Anregung verstehen, das eigene Vorgehen zu überdenken und wo sinnvoll Korrekturen vorzunehmen.

In Abbildung 38 ist das Wichtigste zusammengefasst.

Reaktionen aus dem Umfeld auf eigene Veränderungsschritte:
Hintergrund und Ansatzpunkt

☞ Es ist wichtig, sich gegenwärtig zu halten, dass andere immer auf das reagieren, was wir tun. Vier Aspekte spielen dabei mit: Sache (Was ist der sachliche Inhalt?), Selbstoffenbarung (Was sagt diese Person über sich selbst?), Beziehung (Wie stehen wir zueinander?) und Appell (Wozu möchte diese Person mich bewegen?).

☞ Ansatzpunkt ist es, Stimmen, die hängen bleiben, sachlich zu prüfen, Nützliches aufzunehmen, Schädliches stehen zu lassen und dabei immer die Regie über das eigene Handeln zu behalten. (38)

Es ist *möglich*, das Umfeld zu hören *und* vorwärts zu gehen!

Das Vorgehen von Frau Frei, von der eingangs im Kapitel die Rede war, gibt Ihnen eine Idee, wie man sich produktiv mit Äußerungen aus dem Umfeld beschäftigen kann, die hängen bleiben.

Frau Frei war unsicher, ob an den Bemerkungen zu ihrer bevorstehenden Pensionierung etwas dran sein könnte, das sie zu wenig berücksichtigt hatte. Diese Bemerkungen beeinträchtigten sie in ihrer Vorbereitung für den neuen Lebensabschnitt; ihre Aufmerksamkeit wurde absorbiert und die Vorfreude getrübt.

Mit ein paar Fragen lud ich Frau Frei ein, diese Stimmen unter die Lupe zu nehmen. Sie wollte herausfinden, ob sie blauäugig war, ob die Bemerkung, sie müsse aufpassen, nach der Pensionierung nicht »in ein Loch zu fallen«, begründet sein könnte. Sie kam rasch zum Schluss, dass dies nicht der Fall war: Sie hatte es immer geliebt, ihre Zeit frei zu gestalten. Sie war gerne allein. Sie hatte viele Interessen. Sie war nicht naiv und hatte oft Schwieriges gemeistert. Sie erwartete nicht, dass nach der Pensionierung jeden Tag Feststimmung war. Und sie hatte ein gutes, von ihrer Arbeitssituation unabhängiges Beziehungsnetz. Frau Frei spürte, dass sie sich vor diesem prophezeiten »Loch« nicht zu fürchten brauchte. Durch diese nüchterne Betrachtung verloren die Bemerkungen bereits beträchtlich an Gewicht.

Frau Frei wollte aber doch auch wissen, wie es kam, dass diese Bemerkungen sie verunsicherten. Da musste doch etwas dran sein. Ich regte sie an, diesen Umstand zu erkunden. Sie entdeckte erstaunt, dass es ihr gar nicht so leicht fiel, frohen Mutes laut zu sagen: »Ich freue mich auf diese neue Lebensphase!« Sie spürte Schuldgefühle, hörte eine innere Stimme: »Man darf doch nicht einfach das Leben genießen!« Sie realisierte, dass es weniger die Bemerkungen aus dem Umfeld waren, die sie verunsicherten, sondern diese innere Stimme, die durch diese Bemerkungen aktiviert wurde. Ihr gesunder Verstand sagte ihr, dass sie keine Schuldgefühle zu haben brauchte. Sie wollte sich von dieser inneren Stimme nicht die Vorfreude verderben lassen. Sie wollte aufmerksam sein, um sich davon nicht aus dem Tritt bringen zu lassen.

Mit diesen Erkundungen und Entdeckungen kam sie erleichtert zum Schluss: »Entwarnung. Ich brauche mich nicht länger von diesen Äußerungen zu meiner Pensionierung beunruhigen zu lassen. Sachlich gibt es dafür keinen Grund. Zugleich ist es mir klarer, wie es kommt, dass ich unsicher geworden bin. Ich will schauen, wie ich mit dieser inneren Stimme aufmerksam umgehen kann. Ich weiß, dass ich keine Schuldgefühle zu haben brauche, bald das freie Leben zu genießen.« Ich ermunterte Frau Frei und regte sie an, bei Bedarf zu erkunden, wie diese innere Stimme entstanden ist, die ihr die Vorfreude auf die Pension mit Schuldgefühlen vermiesen wollte. Ich schlug ihr vor, Ideen zu entwickeln, wie sie in Momenten vorgehen konnte, in denen diese Stimme laut wurde.

Frau Frei machte durch diese – kurze! – Auseinandersetzung nicht nur wichtige Beobachtungen, sondern wurde in ihrer Vorfreude bestärkt. Das Verunsichernde hatte den beeinträchtigenden Einfluss verloren, und sie konnte ihre Aufmerksamkeit wieder auf die bevorstehende Pensionierung richten.

Es ist also möglich, sich mit Äußerungen aus dem Umfeld so zu beschäftigen, dass das, was hängen bleibt, zu neuer Klarheit führt, an Macht verliert und befähigt, sich wieder auf das Veränderungsvorhaben zu konzentrieren.

Sie können es machen wie Frau Frei. Anregungen dazu erhalten Sie gleich als Nächstes.

Die zwei entscheidenden Erfolgsfaktoren

Wenn Sie sich mit Äußerungen zu Ihrem Veränderungsvorhaben beschäftigen wollen, sind zwei Elemente entscheidend:

- *Klären: Wird hier etwas gesagt, was sachlich wichtig ist für mich, und was folgere ich daraus?*
- *Erkunden: Wie kommt es, dass ich bei dieser Reaktion hängen bleibe, und wie ändere ich das?*

→ 1: Klären: Wird hier etwas gesagt, was sachlich wichtig ist für mich, und was folgere ich daraus?

Wenn Reaktionen zum eigenen Veränderungsvorhaben hängen bleiben, ist es nützlich, in Ruhe zu schauen: Erhalte ich hier Hinweise, Anregungen, Informationen, die für mein Vorgehen wichtig sein könnten?

Dadurch trennen Sie die Spreu vom Weizen: Sie erkennen, ob die Äußerung von inhaltlicher Bedeutung ist für Ihr Weiterkommen, oder ob sie sachlich wenig begründet ist, nicht auf Ihre Situation zutrifft und es nicht wert ist, weiter beachtet zu werden. Sie schaffen Distanz und Klarheit, die Basis, um angemessen vorgehen zu können. Und Sie übernehmen die Regie: Sie lassen Ihr Handeln nicht bestimmen durch diese Reaktion. *Sie* entscheiden, was für Sie wichtig ist und wie Sie vorgehen wollen. Allein dies schon stärkt Sie. Sie packen den Stier bei den Hörnern, statt sich umwerfen zu lassen.

Wie Sie klären können, ob diese Stimme aus dem Umfeld für Sie sachlich von Bedeutung ist:

- **Vergegenwärtigen Sie sich: Was wird hier eigentlich genau gesagt und stimmt das?** Halten Sie diese Aussage nüchtern und (selbst-)kritisch unter die Lupe: Ist da was dran? Stimmt es objektiv, was diese Person sagt? Oder ist es aus der Luft gegriffen? Eine bloße Meinung? So hat z. B. ein Freund gesagt: »Dass du eine Wohnung in diesem Viertel suchst, ist völlig unrealistisch: viel zu teuer.« Möglich, dass das faktisch stimmt. Vielleicht haben Sie sich auch noch kein Bild gemacht; dann ist das jetzt ein nächster Schritt.

- **Überprüfen Sie: Trifft diese Äußerung auf mich und meine Situation zu?** Ist sie sachlich wichtig für Sie? Macht diese Person auf etwas aufmerksam, was Sie näher untersuchen, abklären, einbeziehen sollten? Hat die Bemerkung überhaupt mit Ihrer Situation zu tun? Oder ist es eine allgemeine Floskel? Sind Bezugspunkte und Werte im Spiel, die Sie nicht teilen? Beim obigen Beispiel »teure Wohnung« etwa: Was für diesen Freund teuer ist, halten Sie für angemessen. Und während für ihn schön zu wohnen nebensächlich ist, ist es für Sie sehr wichtig. Hier könnte die Folgerung etwa sein: »Ja, die Wohnungen in diesem Viertel sind teuer, das ist mir bewusst. Ich habe ein Budget gemacht; es ist ein großer Brocken, aber machbar, und ich habe überlegt, wo ich sonst einspare. Das Wohnen ist mir einfach wichtig.« Zu welchem Schluss kommen Sie in Ihrer Situation?

- **Sind weitere Informationen bzw. eine Zweitmeinung nützlich?**
  Vielleicht ist noch nicht deutlich, wie Sie diese Aussage gewichten
  sollen. Ein Beispiel: Sie wollen Pilotin werden. Die Aussage eines
  Bekannten »Das schlägst du dir besser aus dem Kopf; für Frauen ist
  das aussichtslos« hat Sie verunsichert: »Da ist etwas dran. Soll ich
  diesen Berufstraum aufgeben?« In solchen Situationen ist es nützlich, weitere Informationen und /oder Zweitmeinungen einzuholen.
  Vielleicht wollen Sie Pilotinnen kontaktieren, um aus erster Hand
  zu erfahren, wie man das schaffen kann und was dabei wichtig ist.
  Welche Informationen und Kontakte könnten in Ihrer Situation jetzt
  nützlich sein?
- **Bringen Sie es auf den Punkt: Was folgere ich?** Können Sie diese
  Äußerung als für Sie unbedeutend stehen lassen, oder ist es sinnvoll,
  den einen oder anderen Aspekt besser abzuklären bzw. einzubezie-
  hen? Ist eine Kurskorrektur in Ihrem Veränderungsvorhaben nötig?

Berücksichtigen Sie bei Ihren Erkundungen:
- **Bleiben Sie möglichst offen.** Schauen Sie genau hin, bevor Sie einen
  Schluss ziehen.
- **Gehen Sie möglichst nüchtern vor.** Bleiben Sie möglichst objektiv
  bei der Aussage dieser Person und den Fakten. Nehmen Sie spontane Impulse, Gefühle, Wertungen, Interpretationen wahr – und lassen Sie diese möglichst aus dem Spiel. Es geht hier darum, dass Sie
  diese Aussage auf deren sachliche Bedeutung überprüfen. Stellen Sie
  sich vor, Sie seien ein Detektiv, der Fakten sammelt.
- **Bleiben Sie bei sich.** Lassen Sie Urteile, Spekulationen und Psychologisieren zur Person, von der die Äußerung kommt. Das ist vielleicht interessant, aber nicht schlüssig zu beantworten und für Ihr
  Weiterkommen kaum bedeutsam. Allenfalls kann eine klärende
  Rückfrage nützlich sein: »Wie kommst du darauf, dass das keine
  gute Idee ist?«
- **Ein Sachverhalt kann objektiv stimmen, muss damit aber in Ihrer Situation noch nicht bedeutsam sein.** Vielleicht haben Sie sich

selbst schon genügend mit den Fakten beschäftigt und Lösungen im Kopf. Oder Sie haben andere Bezugspunkte und Werte als die Person, die diese Aussage gemacht hat – wie das oben beim Beispiel »teure Wohnung« schon erwähnt wurde.

- **Stimmen, die unangenehm und / oder kritisch sind, können sachlich berechtigt sein.** Vielleicht sind Sie auf dem Sprung, ins Blaue hinein Ihre Stelle zu kündigen; Sie haben die Nase voll. Hier kann die kritische Frage einer Freundin, wie Sie mit dem Stress umgehen werden, keine Stelle zu haben, zwar irritierend sein, Sie aber dazu veranlassen zu klären: »Will ich das jetzt wirklich tun?« Sie können dann immer noch zum Schluss kommen: »Ja, jetzt ist der Moment gekommen für einen Neuanfang.« Sie werden dies dann noch klarer tun können.

In Abbildung 39 finden Sie die obigen Schritte zusammengefasst.

Umgang mit Reaktionen aus dem Umfeld:
Wird hier etwas gesagt, was sachlich wichtig ist für mich?

- Was wird hier gesagt und stimmt dies?
- Trifft dies in meiner Situation zu? Ist dies für mich jetzt wichtig?
- Sind weitere Informationen oder eine Zweitmeinung nützlich?
- Was folgere ich? Kann ich getrost weitergehen oder sind zusätzliche Schritte bzw. eine Kurskorrektur sinnvoll?

→ **2: Erkunden: Wie kommt es, dass ich bei dieser Reaktion hängen bleibe, und wie ändere ich das?**

Es gibt Situationen, in denen eine Äußerung hängen bleibt – unabhängig von deren sachlichem Gehalt. Wenn dies länger anhält, Aufmerksamkeit und Energie beansprucht und das Handeln beeinträchtigt, empfiehlt es sich zu erkunden, wie es dazu kommt.

Mentales Hängenbleiben bei Reaktionen aus dem Umfeld kann eine Eigendynamik entwickeln, Veränderungsschritte erheblich beeinträchtigen oder gar verhindern. Indem Sie sich damit beschäftigen, wie es dazu kommt, machen Sie einen wichtigen Schritt, diese Dynamik zu stoppen. Nicht immer lässt sich zwar schlüssig beantworten, warum man bei bestimmten Äußerungen hängen bleibt; meist sind Dinge im Spiel, die über das hinausgehen, was faktisch geäußert wurde. Genaues Hinschauen wird aber zu Entdeckungen und Erkenntnissen führen, die in die Lage setzen, das Ganze so weit einzuordnen, dass man freier weitergehen kann.

Wie Sie vorgehen können:

- **Vergegenwärtigen Sie sich: Bei welcher Äußerung bleibe ich hängen, und was läuft bei mir ab? Wer hat diese Äußerung gemacht?** In welchem Kontext? Welche Gedanken und Gefühle sind im Spiel?
- **Wie erklären Sie sich, dass Sie diese Äußerung aus dem Tritt bringt?** Haben Sie bestimmte Vermutungen, Deutungen?

Häufig ist einer der folgenden Umstände im Spiel. Vielleicht ist es für Sie aufschlussreich, dies in Bezug auf Ihre Situation zu checken:

- **Was diese Person sagt, hat Gewicht für Sie.** Sie legen Wert auf deren Meinung; sie hat öfters Dinge gesagt, die für Sie hilfreich waren. Dass sie sich jetzt zu Ihrem Vorhaben kritisch äußert, können Sie nicht einfach wegstecken. Überprüfen Sie: Trifft diese Person einen Punkt? Vielleicht wollen Sie das Gespräch suchen und fragen, wie diese Person darauf kommt, sich so zu äußern. Oder gilt es hier, eigenständig *anders* vorzugehen? Wenn die Beziehung wirklich gut ist, wird ihr dies nichts anhaben können.
- **Sie haben Angst, diese Person zu verlieren, wenn Sie Ihr Veränderungsvorhaben umsetzen.** Sie planen etwa, mit Ihrer Partnerin zusammenzuziehen. Ihr bester Freund sagt melancholisch: »Mit unseren gemütlichen Männerabenden ist jetzt dann wohl nichts mehr.« Das kann zu einem inneren Konflikt führen, der Ihre Freude aufs Neue trübt. Vergegenwärtigen Sie sich: Es ist nicht Entweder-oder. Lassen Sie diesen Freund wissen, dass er Ihnen wichtig ist und dass Sie den Kontakt weiter pflegen wollen. Entwickeln Sie gemeinsam Ideen für passende neue Formen. In vielen Fällen wird dies die alte

Freundschaft neu beleben und bereichern. Sie können aber nicht damit rechnen. Möglicherweise kann der Freund nicht damit leben, dass Sie jetzt weniger verfügbar sind. Das haben Sie nicht in der Hand. Stehen Sie zu Ihrer Entscheidung, signalisieren Sie Interesse und Bereitschaft – und akzeptieren Sie, wenn es allenfalls nicht möglich ist, die Freundschaft aufrechtzuerhalten.

- **Sie fühlen sich abhängig von dieser Person.** Sie wollen z. B. nach einer Familienphase wieder ins Berufsleben zurückkehren. Ihr Mann wirft ein: »Das ist für die Kinder nicht gut.« Oder: »Wir haben doch genug Einkommen.« Sie spüren Verunsicherung, vielleicht Wut. Sie fühlen sich (finanziell) abhängig. Vergegenwärtigen Sie sich, was Ihre Motivation ist, in den Arbeitsprozess zurückzukehren. Hören Sie die Argumente Ihres Mannes ruhig an und fragen Sie nach: »Warum glaubst du, dass das für die Kinder nicht gut ist?« Entwickeln Sie gemeinsam Ideen für reale praktische Dinge wie Kinderbetreuung. Wenn Ihr Mann spürt, dass Sie ihn einbeziehen, und er bereit ist mitzudenken, ist die Chance gut, dass am Schluss alle am gleichen Strick ziehen. Wenn diese Bereitschaft fehlt, gilt es, dass Sie für sich klären: Wozu entscheide ich mich?

- **Sie werden oder fühlen sich unter Druck gesetzt oder manipuliert.** Eine Person oder auch die soziale Gruppe, in der Sie sich bewegen, kann Druck auf Sie ausüben, wenn Sie etwas verändern, was gegen Werte und Normen dieser Person(en) verstößt. Meine Großmutter hatte sich als junge Frau entschieden zu konvertieren. Aufgewachsen in einem streng katholischen Dorf, war sie in der Welt herumgekommen und wollte aus Überzeugung zum reformierten Glauben wechseln. Nicht nur ihre Familie drohte mit Kontaktabbruch und Enterbung; auch Personen aus dem Dorf missbilligten ihr Vorhaben. Sie setzte ihre Entscheidung um. Danach war sie in Familie und Heimatdorf nicht mehr willkommen. Auch wenn die Situation weniger drastisch ist: Werden Sie sich klar, welche Kräfte bei Ihnen im Spiel sind und ob Sie mit Sanktionen rechnen müssen. Überprüfen Sie Ihre Motive und überlegen Sie sich, wie Sie im schlimmsten Fall vorgehen werden. Wenn Ihnen Ihr Vorhaben dann aus gut überlegten Gründen wichtig bleibt, Sie voll und ganz dahinter stehen: Machen Sie den Schritt.

- **Die Aussage dieser Person aktiviert einen »wunden Punkt«.** Es wird ein altes Thema berührt, alte Erfahrungen, Verletzungen, gelernte innere Programme. Sie haben etwa einer Freundin begeistert davon erzählt, dass Sie eine eigene Firma gründen. Diese bemerkt spitz: »Hast du dir das gut überlegt? Schaffst du das? Das ist doch belastend. Pass auf, dass du dich nicht überforderst.« Sie bleiben beim Stichwort »Belastung« hängen. Dieses Wort triggert etwas, was Ihnen als Kind häufig gesagt wurde: »Du bist nicht belastbar.« Obwohl Sie längst erwachsen sind und vielfach bewiesen haben, dass Sie belastbar sind, trifft Sie diese Bemerkung in einer Weise, die nicht im Verhältnis steht zu Ihrer aktuellen Situation. Wenn Sie heftig auf bestimmte Aussagen oder Stichworte reagieren, sind oft solche alten Erfahrungen und Verletzungen im Spiel. Erkennen Sie die »Trigger«-Worte. Konzentrieren Sie sich auf das, was jetzt ist: auf alles, was Sie geschafft haben, auf all die Momente, in denen diese alten Geschichten nicht mehr spürbar sind. Entwickeln Sie Strategien, die Ihnen helfen, wenn diese alten Themen aktiviert werden: Legen Sie sich etwa einen Satz zurecht, den Sie sich dann sagen. Orientieren Sie sich an einem inneren Bild, etwa das Bild einer Mutter, die ihr Kind an der Hand nimmt. Machen Sie ein kleines Ritual, um dieses Thema zu entsorgen. Wenn ein »wunder Punkt« Sie dauerhaft beeinträchtigt, kann es sinnvoll sein, professionelle Begleitung in Anspruch zu nehmen, um pragmatische Wege zu finden.
- **Die Aussage dieser Person ist diffus, doppelbödig.** Was die Person sagt, ist nicht eindeutig. Sie verlieren sich in Spekulationen: Wie hat sie das wohl gemeint? Ist sie böse auf mich? Wenn Ihnen Sache oder Person es wert sind, wollen Sie vielleicht nachfragen: »Was willst du mir eigentlich sagen?« Oder: »Ich sehe, dass du nicht mehr mit mir sprichst; wie kommt das?« Oder, etwa wenn Sie das Elternhaus verlassen wollen: »Seit ich euch erzählt habe, dass ich mir eine eigene

Wohnung suche, habe ich den Eindruck, dass es dicke Luft gibt. Nehme ich das richtig wahr?«

- **Die Aussage dieser Person ist schlichtweg nicht wohlgemeint.** Das gibt es auch: Jene gehässigen, neidischen, abschätzigen oder auch geradeaus gemeinen und verletzenden Bemerkungen, denen wir nicht selten begegnen, wenn wir mutig etwas verändern, uns für das einsetzen, was uns wichtig ist. Auch wenn sie in keiner Weise zu unserem Vorhaben beitragen und oft von Personen kommen, die uns nicht wichtig sind, können solche Bemerkungen viel auslösen und ebenfalls hängen bleiben. Entwickeln Sie Strategien für solche Situationen. Legen Sie sich ein paar Standardsätze zurecht, auf die Sie dann zurückgreifen können. Etwa: »Wie kommst du darauf, dass … (das nicht möglich ist, ich das nicht schaffe, dieser neue Arbeitgeber nichts taugt, meine neue Partnerin einen schlechten Ruf hat usw.)?« Oder: »Ich weiß nicht, was du damit sagen willst – aber ich denke nicht, dass das hier angebracht ist.« Oder einfach: »Ich wünsche dir einen schönen Tag.«

Berücksichtigen Sie bei diesen Schritten:

- **Bleiben Sie auch hier möglichst offen und nüchtern.** Lassen Sie Spekulationen und Psychologisieren.
- **Bleiben Sie auch hier bei sich selbst.** Obwohl es *auch* um die Beziehung zu der Person geht, die diese Aussage gemacht hat, sowie um diese Person selbst, ist es fruchtbarer, wenn Sie sich darauf konzentrieren: Worum geht es hier bei mir? Was hilft mir hier, mich vom Kreisen um diese Äußerung zu lösen?
- **Auch (scheinbar) ermunternde Stimmen können aus dem Tritt bringen!** Sie sind etwa dabei, sich das Rauchen abzugewöhnen, und in Ihrer Clique hören Sie: »Rauchen hat doch mit Genießen zu tun. Als Raucher kannst du sehr alt werden. Wirst du jetzt auch so ein unausstehlicher Gesundheitsapostel?!« Solche Aussagen können verunsichern und zur Falle werden – *gerade*, wenn man im Neuen noch nicht sattelfest ist. Bleiben Sie achtsam.

- **Möglicherweise müssen Sie das Umfeld wechseln, wenn Sie nicht »Eisbär in der Wüste« sein wollen, wie ich dies nenne.** Wenn Sie feststellen, dass Ihre Veränderungsschritte nicht kompatibel sind mit Ihrem Umfeld – egal, ob es sich um eine einzelne Person, die Familie, eine soziale Gruppe oder auch die weitere Umgebung handelt –, dann gilt es, bereit zu sein zur letzten Konsequenz, um Ihr Veränderungsvorhaben und sich selbst nicht zu gefährden bzw. zu verraten. Ich kann Ihnen hier nur sagen: Es gibt Situationen, in denen das nötig ist. Es geht nicht darum, das Kind mit dem Bade auszuschütten, gleich wegzulaufen, wenn nicht alle begeistert sind. Erst wenn sich nach sorgfältiger Überprüfung der eigenen Motive und aufrichtigen Versuchen, im bestehenden Umfeld gute Lösungen zu finden, zeigt, dass die eigene Entwicklung gefährdet ist, kann dieser Schritt notwendig sein. Machen Sie ihn dann auch. Sie werden erfahren, dass es andere Umfelder gibt, solche, in die Sie besser passen und in denen Sie sich besser entfalten können.

In Abbildung 40 finden Sie die obigen Schritte zusammengefasst.

Umgang mit Reaktionen aus dem Umfeld:

Wie kommt es, dass ich bei dieser Reaktion hängen bleibe?

- Bei welcher Äußerung bleibe ich hängen? Was läuft bei mir ab?
- Wie erkläre ich mir dies?

Trifft einer der folgenden Sachverhalte zu?

- Was diese Person sagt, hat Gewicht für mich.
- Ich habe Angst, diese Person zu verlieren.
- Ich fühle mich abhängig von dieser Person.
- Ich fühle mich oder werde unter Druck gesetzt oder manipuliert.
- Die Aussage dieser Person aktiviert einen »wunden Punkt«.
- Die Aussage dieser Person ist diffus, doppelbödig.
- Die Aussage dieser Person ist schlichtweg nicht wohlgemeint.
- Was erkenne und folgere ich?

Wenn Sie jetzt Bemerkungen aus dem Umfeld unter die Lupe genommen und ehrlich überprüft haben, ob da etwas dran sein könnte, und wenn Sie besser verstehen, wie es kommt, dass Sie bei Äußerungen hängen bleiben, ist schon viel gewonnen. Sie brauchen nicht endlose Studien zu betreiben. Es genügt, wenn Ihnen klarer ist, was abläuft und was für Sie jetzt wichtig ist. Sie werden dabei auch Ihr Veränderungsvorhaben überprüft haben. Entweder können Sie neu entschlossen vorwärtsgehen, auch wenn diese Stimme allenfalls noch nachwirkt. Oder Sie sind zum Schluss gekommen, dass Kurskorrekturen angebracht sind. Wie auch immer: Sie können sich wieder auf Ihr Vorhaben konzentrieren. Sie werden erfahren: Je geübter Sie sind, desto offener und freier können Sie mit Bemerkungen umgehen. Und desto mehr Wertvolles können Sie entgegennehmen.

Ich wünsche Ihnen Offenheit, ein gutes Gespür, Distanz und die nötige Portion Humor im Umgang mit Äußerungen aus Ihrem Umfeld. Und viele Menschen, die Sie auf Ihrem Weg unterstützen, mitdenken, da sind, wenn es unterwegs holprig wird, inspirierende Ideen haben und sich herzlich mit Ihnen freuen, wenn Sie erreichen, was Ihnen wichtig ist.

Teil III: Die Kunst, Vertrauen ins Gelingen aufzubauen

Veränderung erfordert Vertrauen. Das Vertrauen, dass es immer wieder gute Möglichkeiten und Lösungen gibt. Und dass man dazu beitragen kann, dass sich die eigene Situation positiv verändert. Nicht immer ist dieses Vertrauen gegeben. Die drei nächsten Kapitel handeln davon, wie man dann vorgehen kann.

7 »Da ist dieser innere Kritiker ...«
Mit / trotz angeschlagenem Selbstvertrauen Veränderung wagen

> »Du bist geboren mit Potential.
> Du bist geboren mit Güte und Vertrauen.
> Du bist geboren mit Idealen und Träumen.
> Du bist geboren mit Größe.
> Du bist geboren mit Flügeln.
> Du bist nicht gemeint, zu kriechen; also unterlass dies.
> Du hast Flügel. Lern, sie zu benützen, und flieg.«
>
> Rumi (Dschalal ad-Din ar-Rumi, 1207–1273)
> Persischsprachiger Mystiker und Dichter

Dieses Kapitel richtet sich an Menschen, die vor Veränderung zurückschrecken, weil sie sich wenig zutrauen. Oder die sich mit übermäßig hohen Anforderungen an sich selbst unnötig belasten.

Eine wichtige Ressource im Umgang mit Veränderung ist Selbstvertrauen: Das Vertrauen in die eigenen Talente, die eigene Kraft, Kreativität und Fähigkeit, Erfolg zu erzielen. Selbstvertrauen befähigt, Veränderung sozusagen im Teamwork mit sich selbst entschlossen und zugleich gelöst anzugehen.

Stellt sich die Frage: Wie geht man vor, wenn das Vertrauen in sich und die eigenen Fähigkeiten beeinträchtigt ist? Wenn man an sich zweifelt? Wenn man gegen sich kämpft, weil man den hohen Erwartungen an sich selbst nicht genügt?

Im Kern geht es darum zu verstehen, wie man mit und trotz angeschlagenem Selbstvertrauen Veränderung wagen kann und gerade *so* Selbstvertrauen stärkt. Es geht darum, den Teufelskreis von beeinträchtigtem Selbstvertrauen, destruktiven Gedanken, sich selbst sabotierendem Verhalten und mangelnden Erfolgserlebnissen zu verlassen. Dieses Kapitel gibt Ideen, wie dies gelingt.

»Da ist dieser innere Kritiker ...«*
Frau Plüss will neu anfangen. Ihr Partner hat sich von ihr getrennt. Eigentlich ist sie erleichtert; die Beziehung tat ihr nicht gut. Sie will jetzt vieles anpacken. In der Arbeit lässt sie sich wie in der Beziehung viel gefallen und ärgert sich, dass sie keine Grenzen setzen kann. Und neuerdings lässt sie sich vom Nachbarn einschüchtern, der sich über ihr Klavierspiel beklagt. Sie hat genug und will neue Wege einschlagen. Nur: »Da ist dieser innere Kritiker. Der vermittelt mir, dass ich nichts kann, nichts wert bin, keine Ansprüche haben darf, nicht meckern soll. Dann zweifle ich wieder an mir. Und an meinen Veränderungsvorhaben.«

Vielleicht ist Ihnen dieser »innere Kritiker« vertraut, eine innere Stimme, die keinen guten Faden an Ihnen lässt, immer etwas zu meckern, zu bemängeln, klein zu machen, in Zweifel zu ziehen hat und Ihr Handeln beeinträchtigt. So wollen Sie nach einer Familienphase in den Arbeitsmarkt zurückkehren, doch zweifeln: »Was habe ich schon zu bieten?« Oder Sie möchten beruflich für eine Zeit ins Ausland, doch bleiben hängen bei Zweifeln, ob Ihre Sprachkenntnisse zureichend sind, Sie den hohen Selektionsanforderungen genügen und die erforderlichen Tests bestehen werden. Sie lassen es bleiben. Und gehen mit sich ins Gericht, weil Sie es nicht gewagt haben.

Anhand der Fragen in Abbildung 41 können Sie sich vergegenwärtigen, ob Ihnen ein angeschlagenes Selbstvertrauen erschwert zu tun, was Sie tun wollen.

Die Ausgangslage klären: Wie schätze ich mein Selbstvertrauen ein?

- Wo stufen Sie Ihr Selbstvertrauen, Veränderung in gutem »Team-work« mit sich selbst erfolgreich anzugehen, auf einer Skala von 0–10 ein? Wie kommen Sie auf Ihre Antwort?
- Falls Ihr Selbstvertrauen angeschlagen ist: Woran ist dies erkennbar? In welchen Gedanken, Gefühlen, Verhaltensweisen und Situationen kommt dies zum Ausdruck?
- Wie erklären Sie sich, dass es dazu gekommen ist?
- Wie wirkt sich geschwächtes Selbstvertrauen auf Ihr Vorgehen in der aktuellen Situation aus? Was tun oder lassen Sie deswegen? (41)

Jeder hat Momente, in denen Selbstvertrauen auf der Strecke bleibt. In Abbildung 42 finden Sie Anhaltspunkte, wann es anzuraten ist, sich mit der Thematik zu beschäftigen.

Das Selbstvertrauen stärken, Wichtiges erreichen zu können:
Anhaltspunkte, wann hier angesetzt werden sollte

- Sie trauen sich nicht zu, Wichtiges zu erreichen, und probieren es schon gar nicht.
- Sie zweifeln an sich und Ihren Fähigkeiten.
- Sie haben viel an sich auszusetzen, halten sich für zu wenig liebenswert, intelligent, kompetent, attraktiv, erfolgreich usw.
- Sie haben hohe Ansprüche an sich selbst und genügen diesen selten. Sie werten sich und Ihre Leistungen ab.
- Über Erfolge können Sie sich nicht richtig freuen. Sie schreiben diese äußeren Umständen, Glück oder Zufall zu.
- Über Misserfolge sind Sie untröstlich und bleiben dabei hängen. Sie schreiben diese sich selbst, Ihrem Unvermögen zu.
- Sie vergleichen sich oft mit anderen. Sie schneiden dabei schlecht ab.
- Sie wollen es anderen recht machen, können schlecht ›Nein‹ sagen, für sich einstehen. Sie meiden Konflikte. (42)

In Abbildung 43 ist als Faustregel zusammengefasst, wann man sich darum kümmern sollte, sein Selbstvertrauen aufzupäppeln. Trifft einer der Punkte bei Ihnen zu?

Das Selbstvertrauen stärken, Wichtiges erreichen zu können:

 Faustregel

Sie sollten Wege finden, Ihr Selbstvertrauen zu stärken, wenn Sie

- sich wiederholt Schritte nicht zutrauen, die Ihnen wichtig sind, oder wenn Sie frustriert sind, weil Sie Ihren Erwartungen nicht genügen;
- ein inneres Wissen haben, dass Sie mehr aus sich / Ihrem Leben machen könnten, und darunter leiden, dass Sie das nicht tun. (43)

Die Auseinandersetzung damit, wie Sie Selbstvertrauen stärken können, hat zum Ziel, dass Sie anpacken können, was Ihnen wichtig ist, und gerade so Vertrauen aufbauen.

Dazu ist es wichtig zu verstehen, wie es zu angeschlagenem Selbstvertrauen kommt, warum dies das Leben so schwer macht und wo anzusetzen ist, um dies zu ändern.

Hintergrund und Ansatzpunkt

Angeschlagenes Selbstvertrauen führt in einen Teufelskreis:
- Selbstvertrauen ist geschwächt.
- Dies beeinflusst Denken und Handeln, es entstehen beeinträchtigende Denk- und Verhaltensmuster.
- Es kommt weniger zu Erfahrungen, die das Selbstvertrauen stärken.
- Dadurch wird das Selbstvertrauen weiter geschwächt.

Dieser Teufelskreis beeinträchtigt nicht nur die Lebensqualität und -freude. Er erschwert es auch, Veränderung erfolgreich anzugehen. Mit angeschlagenem Selbstvertrauen ist man wie mit angezogener Handbremse unterwegs; alles wird anstrengend. Man sabotiert sich selbst.

Und bringt sich um die Erfahrung, Herausforderungen auf gute Art meistern zu können. Doch das lässt sich ändern.

Zunächst: Wie wird das Selbstvertrauen geschwächt?

Es gibt mehrere mögliche Auslöser: schlechte Erfahrungen und Misserfolge. Ablehnung, verletzende Äußerungen wichtiger Bezugspersonen. Die Erfahrung, Erwartungen und Vorschriften der Mitwelt nicht zu genügen oder Wichtiges nicht geschafft zu haben. Enttäuschungen, die es im Leben immer geben kann.

Doch: Schlechte Erfahrungen, Misserfolge und Enttäuschungen führen nicht zwingend zu angeschlagenem Selbstvertrauen. Viele Menschen machen solche Erfahrungen, *ohne* dass ihr Selbstvertrauen leidet. Sie können eine Enttäuschung nach einer Zeit stehen lassen. Sie rappeln sich nach einem Misserfolg wieder auf. Sie klopfen sich selbst auf die Schulter und gehen weiter.

Selbstvertrauen bleibt erst auf der Strecke, wo Erfahrungen problematisch gedeutet werden. Genauer: Wo schlechte Erfahrungen und Misserfolge einseitig, absolut und wiederholt eigenem Unvermögen zugeschrieben werden. So wird z. B. das Durchfallen bei einer Prüfung nicht darauf zurückgeführt, dass die Prüfung zu schwer, die Aufgaben undeutlich formuliert, die Tagesform schlecht war, man sich schlecht vorbereitet hat oder etwas tut, wofür man weniger Talent hat. Nein: Man macht ausschließlich und absolut eigenes Unvermögen dafür verantwortlich: *Ich* habe versagt, *ich* bin nicht intelligent, *ich* bin einfach zu dumm, *ich* schaffe nichts. Und als ob das nicht schon genug wäre: Häufig sind bei positiven Erfahrungen und Erfolgen die Deutungen genau umgekehrt. Erfolg wird günstigen Umständen, Zufall, Glück, dem Wohlwollen anderer usw. zugeschrieben. Bei einer bestandenen Prüfung wird dann nicht gesagt: »Toll, ich bin stolz auf mich, ich habe hier eine super Leistung erbracht. Dafür habe ich mich auch eingesetzt.« Nein: »Die Aufgaben waren eben leicht«, »Ich hatte gerade einen guten Tag«, »Ich hatte Glück, dass gerade diese Fragen gestellt wurden.« Es liegt auf der Hand, dass solch einseitig »internale« Deutungen von Misserfolg bzw. »externale« Deutungen von Erfolg, wie dies in der

Psychologie genannt wird, Selbstvertrauen ankratzen. Man schneidet nie gut ab vor sich selbst. Entweder ist man unfähig oder man hat Glück gehabt.

Solche Deutungen prägen mit der Zeit Denken und Verhalten. Man wird unsicherer, traut sich immer weniger zu, wagt sich weniger in Neuland. Man vermeidet die negativen Gefühle vermeintlichen Unvermögens. Da wir aber nicht darum herumkommen, Dinge zu tun – ein unangenehmes Telefonat machen, eine neue Arbeitsstelle suchen, Geld verdienen, eine Beziehungskrise durchstehen, Kinder erziehen, sich für oder gegen einen Umzug entscheiden –, werden wir doch immer wieder Erfahrungen machen, gute und schlechte. Bei angeschlagenem Selbstvertrauen wird dann immer wieder auf die gleichen destruktiven Deutungen zurückgegriffen, bei denen man erneut schlecht abschneidet: »Ich hab's ja gewusst, ich schaff das nicht«, »Ich hab mich wieder so dumm angestellt«, »Ich hab wieder nicht klar sagen können, was ich sagen wollte«, »Ich zögere noch immer, ob ich diesen Schritt wagen will.«

Und es ist wie verhext: Es kommt immer mehr zu dem, was man nicht will. Immer wieder diese elenden Versagergefühle. Immer wieder die Selbstkasteiung für Dinge, die man nach eigenen Maßstäben nicht gut macht. Die Lebensfreude bleibt auf der Strecke. Und Selbstvertrauen. Eigene Fähigkeiten, Talente, Interessen, Liebenswürdigkeiten werden ausgeblendet. Und zu allem Elend scheint man auch noch Situationen anzuziehen, in denen sich alles endlos wiederholt: *Wieder* lässt man sich vom Partner respektlos behandeln. *Wieder* erhält man bei der Arbeit keine Beförderung und kommt auf keinen grünen Zweig. *Wieder* will man es anderen recht machen und steckt eigene Bedürfnisse zurück. *Wieder* lässt man es sich gefallen, dass die Freundin einen als »geistigen Abfalleimer« für ihr Jammern benützt. *Wieder* schafft man es nicht, klar zu sagen, was man denkt, einem wichtig ist. Kein Wunder: das Selbstvertrauen leidet.

Wie diesen Teufelskreis unterbrechen? Havariertes Selbstvertrauen ist Resultat eines Lernprozesses, der auf problematischen Deutungen beruht. Was man lernen kann, kann man auch wieder *ver*lernen. Der erste wichtige Schritt ist es, sich dieses Teufelskreises bewusst zu werden. Dies ist die Basis, auf der man sich an der Hand nehmen und lernen kann, die »Selbstvertrauens-Brille« aufzusetzen und anzufangen, Denken und Handeln systematisch an dieser Optik auszurichten. Dies beinhaltet insbesondere, sich Erfahrungen zu verschaffen, die das Selbstvertrauen stärken, und diese Erfahrungen anders zu deuten. Eine Veränderungssituation ist dazu ein prima Anlass.

In Abbildung 44 ist das Wichtigste zusammengefasst.

Wenn angeschlagenes Selbstvertrauen Veränderung erschwert: Hintergrund und Ansatzpunkt

☞ Selbstvertrauen wird primär beeinträchtigt durch problematische Deutungen von Erfahrungen. Wo Negatives einseitig auf eigenes Unvermögen und Positives einseitig auf äußere Umstände zurückgeführt werden, kommt ein Teufelskreis in Gang: Man traut sich weniger zu, will vermeintliche Mängel der eigenen Person mit Anstrengung ausgleichen, ist nicht zufrieden mit Erreichtem, kritisiert sich selbst, verliert den Kontakt zur eigenen Kraft. Selbstvertrauen wird so weiter geschwächt.

☞ Ansatzpunkt, aus diesem Teufelskreis hinauszufinden, ist es, diesen zu erkennen und in der Folge zu üben, mit einer »Selbstvertrauens-Brille« Situationen anders anzugehen, zu deuten und so Erfahrungen zu machen, die Selbstvertrauen stärken. (44)

Es ist *möglich*, Selbstvertrauen zu stärken!

Frau Plüss, von der oben die Rede war, war hoch motiviert – nicht nur, einiges in ihrem Leben zu verändern, sondern auch, ihr Selbstvertrauen aufzupäppeln. *Jetzt.* Sie war 55. Sie hatte gründlich genug von einem Leben, in dem sie es allen recht machen wollte und dabei selbst auf der Strecke blieb. Sie hatte genug davon, sich immer wieder klein zu machen, Respektlosigkeit zuzulassen und dann dafür noch hart ins Gericht mit sich selbst zu gehen. Sie hatte genug von dem damit verbundenen Unglücklichsein.

Wie viele Menschen mit angeschlagenem Selbstvertrauen hatte Frau Plüss oft über sich selbst nachgedacht. Sie war eine gute Analytikerin, konnte haarscharf benennen, wo und wie diese destruktiven Muster abliefen. Sie hatte den Mut, das alles nüchtern zu benennen. Das war eine wichtige Basis.

Sie konnte auch benennen, was sie ändern wollte: Sie wollte einen Weg finden im Umgang mit dem Nachbarn. Sie wollte am Arbeitsplatz klarer, selbstbewusster auftreten und Grenzen setzen. Sie wollte gute Freundschaften intensivieren und jene, die ihr nicht guttaten, stehen lassen. Sie wollte lernen, mehr zu sich zu stehen.

Da war nur ein Haken: der »innere Kritiker«. Wie konnte sie den loswerden? Wie oft ärgerte sie sich darüber! Er schwächte sie.

Ich lud sie zu einem Experiment ein: »Stellen Sie sich vor, es ist ein Wunder passiert und der innere Kritiker ist verschwunden. Sie sind voller Selbstvertrauen. Wie packen Sie die Veränderungen, die Sie sich wünschen, an?« Es ging ein Ruck durch ihren Körper, sie setzte sich aufrecht hin und strahlte plötzlich. Es sprudelte aus ihr heraus: »Ich gehe zum Nachbarn, vermittle ihm freundlich, aber bestimmt, dass ich verstehe, dass Klavierspiel stören kann, dass ich aber dieses Hobby pflegen und gemeinsam eine Lösung finden möchte. Bei der Arbeit lasse ich mir nicht mehr immer die schlechtesten Dienste zuteilen. Ich mache klar, dass ich bereit bin, solche Dienste zu übernehmen, aber weniger. Und wenn diese Kollegin, die oft suggestive Bemerkungen zu meinem Privatleben macht, erneut mit einer Bemerkung kommt wie »Du siehst heute wieder so schlecht aus. Geht es dir nicht gut? Ist schwierig, wenn der Partner einen nicht mehr will …«, antworte ich klipp und klar: »Danke für die Nachfrage. Alles o. k. Du brauchst dir um mich keine Sorgen zu machen.« So ging es weiter. Plötzlich hielt Frau Plüss inne und lachte: Was ich nur mit ihr angestellt hätte?! Nichts. Ich habe lediglich ihre selbstvertrauende Seite angesprochen.

Frau Plüss hatte den Mut, die Schritte, die sie selbst bedacht hatte, umzusetzen. Sie schaffte es, den Nachbarn anzusprechen. Sie wagte es zum ersten Mal, bei der Dienstverteilung ihre Wünsche einzubringen, statt zu warten, was für sie übrig blieb. Solche Schritte gaben ihr Auftrieb. Der innere Kritiker verstummte aber nicht gleich. Teilweise wurde er sogar noch lauter. Der Nachbar hatte nicht sonderlich freundlich reagiert, und sie war schon wieder auf der Kippe, bei sich zu suchen: Hätte sie vielleicht eine bessere Formulierung wählen sollen? Und bei der Arbeit haben sie konsterniert geschaut, als sie mit ihren Wünschen kam. Sie war sofort wieder verunsichert: War sie vielleicht zu aggressiv gewesen? War sie egoistisch? Würden ihre Kollegen sie jetzt meiden?

Ich beruhigte sie. Solche Reaktionen sind üblich, wenn man es wagt, alte Muster hinter sich zu lassen und die neuen noch nicht vertraut sind. Wir besprachen, wie sie im Detail vorgegangen war und wie sie jetzt weitergehen konnte. Wir sammelten Ideen, wie sie vorgehen konnte, um ihre Erfolge nicht wie gewohnt kleinzureden. Sie fing mit einem Tagebuch an und hielt darin Schritte fest, die für sie neu waren. Sie fing an, sich nach fünf Schritten mit etwas Kleinem zu belohnen. Solche Rituale helfen, Neues zu festigen. Wir nahmen einige Momente, in denen sich der innere Kritiker wieder gemeldet hatte, unter die Lupe, um das Muster noch genauer zu verstehen und passende Maßnahmen zu bestimmen.

Frau Plüss blieb dran. Sie bewirkte kleine und große Verbesserungen ihrer Situation und erfuhr stets mehr Lebensqualität. Sie spürte, dass sich ihr Selbstvertrauen regenerierte; es gab stets mehr Momente, in denen sie sich Dinge zutraute, vor denen sie lange zurückgeschreckt war. Es ist nie zu spät. Es war noch ein langer Weg, aber der Anfang war geschafft.

Als Nächstes erhalten Sie Anregungen, wie Sie in Ihrer Situation vorgehen können, wenn Sie so selbstsicher werden wollen, dass Sie Wichtiges anpacken und erreichen können.

Die zwei entscheidenden Erfolgsfaktoren

Sie können mit und trotz angeschlagenem Selbstvertrauen Veränderung wagen. Berücksichtigen Sie dabei folgende Punkte:

- *Die »Selbstvertrauens-Brille« aufsetzen: Was würde ich jetzt tun, wenn ich voller Selbstvertrauen wäre? Was leite ich daraus ab?*
- *Aus dem Teufelskreis austreten: Wie gehe ich in kritischen Momenten* anders *vor?*

→ **1: Die »Selbstvertrauens-Brille« aufsetzen: Was würde ich jetzt tun, wenn ich voller Selbstvertrauen wäre? Was leite ich daraus ab?**

Oft machen sich Menschen mit wenig Selbstvertrauen viele Gedanken über sich selbst. Oft sind es destruktive Gedankenschlaufen. Wenn Sie Veränderung angehen wollen, ist es nützlich, gleich einmal *anders* zu denken: Aus der Perspektive von Selbstvertrauen, mit der Vorstellung, als hätten Sie jede Menge davon. Sie werden erstaunt sein, wie schnell Sie wissen, was Sie dann jetzt tun würden.

Indem Sie sich auf diesen Perspektivenwechsel einlassen, kommen Sie in Kontakt mit Ihren Ideen, Ihrer Kraft und Kompetenz. Sie werden dies als erfrischend und wohltuend erfahren: Endlich einmal nicht all diese schweren Gedanken, Zweifel, Herabwürdigungen, endlosen Gedankenspiralen. Ich bin sicher, dass sich aus diesem Experiment Lösungsansätze und mögliche Schritte fürs Weitergehen in Ihrer aktuellen Situation abzeichnen.

Wie Sie vorgehen können:

- **Wagen Sie den Perspektivenwechsel: Wie würde ich diese Veränderung angehen, wenn ich voller Selbstvertrauen wäre?** Vielleicht würden Sie dann ohne Zögern einen Termin mit Ihrem Chef abmachen, ihm loyal *und* klar aufzeigen, warum Ihr Team Ihrer Ansicht nach die vorgegebenen Ziele so nicht erreichen kann und was ein Weg wäre, wie dies gelingen könnte. Oder Sie würden Ideen sammeln, wie Sie nette neue Bekanntschaften machen können, statt sich ins Schneckenhaus zurückzuziehen und sich zu bemitleiden. Wie fühlt es sich an, so zu denken? Was schließen Sie aus Ihren Einfällen? Welche Schritte wollen und können Sie jetzt wagen?

- **Stellen Sie sich vor: Es geschieht ein Wunder und ich bin voller Selbstvertrauen. Woran ist dies erkennbar?** Was fällt Ihnen spontan ein? Gehen Sie dann freier auf Menschen zu? Trauen Sie sich Aufgaben zu, denen Sie sonst ausweichen? Setzen Sie Grenzen, statt sich Dinge gefallen zu lassen, die Ihnen nicht guttun? Wie bewegen Sie sich? Ist Ihr Gang aufrechter? Ziehen Sie andere Kleidung an? Sind Sie fröhlicher? Wie sprechen Sie? Lassen Sie ein plastisches inneres Bild entstehen von sich als selbstbewusstem Menschen: Wie fühlt sich das an? Vielleicht wollen Sie ein paar Notizen machen.

- **Erinnern Sie sich: Wann war ich voller Selbstvertrauen?** Kein Mensch verfügt nie über Selbstvertrauen. Welche Momente kommen Ihnen in den Sinn, in denen Sie Selbstvertrauen spürten und zum Ausdruck brachten? Gehen Sie ruhig bis in Ihre Kindheit zurück. Sie erkennen solche Momente daran, dass Ihnen Dinge leicht von der Hand gingen, Sie spontan und mit Freude handelten, nicht lang hin und her überlegten. Was haben Sie dann getan? Wie ist Ihnen das gelungen? Und was können Sie tun, um wieder in solche Momente zu kommen?

- **Sehen Sie Erreichtes: Was gibt mir Anlass zu Selbstvertrauen?** Vielleicht wollen Sie ein Papier nehmen und Stichworte festhalten: Was sind Meilensteine, Höhepunkte, wichtige Erfolge? Wie haben Sie diese erreicht? Wo haben Sie Schwieriges geschafft? Welche Ihrer Eigenschaften und Talente kamen dabei zum Einsatz? Sammeln Sie Fakten. Sicher sind Sie erstaunt, was da alles zusammenkommt. Sie erinnern sich etwa an jene Zeit, während der Sie zwei Jobs gleichzeitig bewältigt hatten und dabei von alten gesundheitlichen Problemen beeinträchtigt waren; im Rückblick staunen Sie: »Wie habe ich das doch alles geschafft!« Worauf können Sie stolz sein? Wenn

Ihnen die Antwort schwerfällt: Stellen Sie sich vor, ein guter Freund würde Antwort geben: Was würde er sagen?

- **Trainieren Sie Selbstvertrauen: Mit welchen Schritten kann ich Selbstvertrauen stärken?** Vielleicht wollen Sie Notizen machen zu den obigen Punkten. Schauen Sie sich diese regelmäßig an, damit fördern Sie die innere Auseinandersetzung und können bei Bedarf schneller auf die »Selbstvertrauens-Brille« zurückgreifen. Oder Sie wollen einige Ihrer Gründe, dass es allen Anlass zu Selbstvertrauen gibt, auf ein Papier schreiben und dieses gut sichtbar aufhängen; so erinnern Sie sich immer wieder daran und können sich daran gewöhnen. Eine andere Übung: Drehen Sie den Spieß einmal um. Notieren Sie sich ein paar Eigenschaften, die Sie bei sich oft kritisieren. Und finden Sie zu jedem Punkt bewusst positive Seiten. Etwa: Es ärgert mich, dass ich das Gejammer der Freundin immer wieder anhöre. Offenbar können Sie gut zuhören. Üben Sie fortan, aktiv zu bestimmen, wann Sie zuhören wollen und wann nicht. Weiter: Machen Sie täglich etwas, das Mut erfordert und Ihr Selbstvertrauen stärkt. Ein unangenehmes Telefonat, jemanden um einen Gefallen bitten, Nein sagen, sich zu Wort melden, bei schlechter Dienstleistung reklamieren, selbst entscheiden statt um Rat fragen. Wie bei vielem gilt auch hier: Übung macht den Meister. Schließlich: Tun Sie mal einen Tag lang, als ob Sie voller Selbstvertrauen wären. Ziehen Sie etwas Auffälliges an. Gehen Sie aufrecht und bestimmt. Sprechen Sie lauter als gewohnt. Sagen Sie, wenn Sie etwas stört. Übertreiben Sie ruhig: Drängeln Sie sich mal vor oder schneiden Sie jemandem das Wort ab. Keine Angst, das wird kein Dauerzustand. Sie werden erfahren, dass sich das gut anfühlt und Energie gibt. Geben Sie sich die Chance, neue Erfahrungen zu machen.

Berücksichtigen Sie dabei:

- **Wagen Sie dieses Experiment.** Vermeiden Sie die Falle »Ach, was soll das, was ändert das schon ...« Wenn Ihnen angeschlagenes Selbstvertrauen das Leben schwermacht, gibt es nichts anderes, als

Wege zu finden, dies zu ändern. Kein Mensch ist ohne Selbstvertrauen. Aber oft ist es verschüttet. Sie können es wieder aktivieren, indem Sie andere Wege als die bekannten, destruktiven Zweifelspfade gehen. Sie können nichts verlieren. Sie können Ihr Selbstvertrauen wiedergewinnen.

- **Innerer Kritiker auf die »billigen Plätze«!** Wenn sich vertraute Stimmen wie »Das schaffst du nicht«, »Vergiss es, du wirst nie selbstbewusst sein!« melden: Weisen Sie diese resolut zurück: »Ich habe jetzt gerade anderes zu tun, als auf euch zu hören!« Auch wenn sich dies anfangs fremd anfühlt: Es braucht solche Schritte. Wenn Sie sich über viele Jahre angewöhnt haben, kein gutes Haar an sich zu lassen, braucht es Entschlossenheit, damit aufzuhören.
- **Die Optik einer anderen Person kann hilfreich sein.** Wenn es Ihnen nicht gelingen will, die »Selbstvertrauens-Brille« aufzusetzen: Stellen Sie sich vor, eine Ihnen wohlgesonnene Person gäbe Antwort auf die obigen Fragen. Was würde diese sagen, worauf Sie stolz sein können? Wann würde diese Sie als selbstvertrauend erlebt haben? Welche Gründe würde diese nennen, warum Sie in sich vertrauen dürfen? Vielleicht wollen Sie noch einen Schritt weiter gehen und eine solche Person fragen, mit Ihnen zusammen die obigen Anregungen durchzugehen.

In Abbildung 45 sind die obigen Schritte zusammengefasst.

Veränderung wagen *und* Selbstvertrauen stärken:

Was würde ich jetzt tun, wenn ich voller Selbstvertrauen wäre?

- Was mir auf diese Frage spontan einfällt: Ich würde dann jetzt …
- Es geschieht ein Wunder und ich bin voller Selbstvertrauen: Woran ist dies erkennbar?
- Wann war ich voller Selbstvertrauen? Wie äußerte sich dies?
- Welche Erfahrungen, Eigenschaften, Talente, Erfolge geben mir Anlass zu Selbstvertrauen?
- Mit welchen Schritten kann ich mein Selbstvertrauen stärken?

→ 2: Aus dem Teufelskreis austreten: Wie gehe ich in kritischen Momenten *anders* vor?

Wer sich oft ein Leben lang Denk- und Verhaltensmuster angewöhnt hat, die Selbstvertrauen schädigen, ändert dies kaum über Nacht. Es ist wichtig, realistisch zu bleiben. Sonst gibt's einmal mehr »Ich hab's ja gewusst, ich schaff das nicht«. Realistisch bleiben heißt nicht »Ich probier es gar nicht erst, das gelingt mir sowieso nicht«. Es heißt: Wissen, wo man besonders anfällig ist.

Indem Sie sich dies bewusst(er) machen, können Sie sich mit Maßnahmen wappnen, die Ihnen helfen, kritischen Momenten auf *andere* Weise zu begegnen und so den Teufelskreis von angeschlagenem Selbstvertrauen zu verlassen. Wo Sie üben, solche Maßnahmen einzusetzen, kann Ihr Selbstvertrauen wieder gedeihen.

Wie Sie vorgehen können:

- **Kritische Momente registrieren und innehalten: Stopp!** Üben Sie sich darin, Momente, in denen Sie in den Sumpf destruktiver Denk- und Verhaltensmuster geraten und Ihr Selbstvertrauen leidet, zu erkennen und das Muster unmittelbar zu stoppen. Was sind das für Momente? Kommt das Muster oft in Gang, wenn Sie sich die Latte besonders hoch gesetzt haben und Sie unter Druck geraten, Ziele zu erreichen, die kein Mensch in dieser Frist erreichen kann? Oder passiert »es« oft, wenn Sie in Gesellschaft etwas sagen wollen, sich aber beeindrucken lassen von anderen und verstummen? Registrieren Sie solche Momente möglichst rasch. Legen Sie für sich ein Ritual zurecht, womit Sie das Muster sofort stoppen. Sagen Sie sich z. B.: »Stopp, soeben gerate ich wieder in die bekannten Litaneien von Selbstkritik, dies lasse ich jetzt nicht zu.« Oder: »Achtung, aufgepasst, Übungsmoment!« Es kann hilfreich sein, sich dann zu bewegen, aufzustehen, durchzuatmen, kurz den Ort zu verlassen.
- **Schauen Sie genau hin: Was läuft jetzt ab?** Statt in lähmende Gefühle abzudriften: Gehen Sie auf Spurensuche. Was ist der Auslöser?

Was geht Ihnen durch den Kopf? Welche Erwartungen haben Sie an sich selbst? Welche inneren Stimmen machen Sie klein? Was sagen diese? Sammeln Sie nüchtern Fakten.

- **Überprüfen Sie Ihre Annahmen und Deutungen: Stimmen sie?** Ist es etwa wirklich wahr, dass keiner an Ihrer Meinung interessiert ist? Haben Sie versucht, sich einzubringen? Oder: Wie kommen Sie darauf, ein Versager zu sein, weil Sie das angestrebte Ziel noch nicht erreicht haben? Ist der Zeitrahmen realistisch? Was würde eine Ihnen wohlgesonnene Person dazu sagen? Und auch: Stimmt es, dass es reiner Zufall ist, dass Sie diese Stelle erhalten haben? Haben Sie nicht auch etwas dafür getan? Oder: Ist es wahr, dass es nichts wert ist, dass Sie den Haushalt gut führen – im Vergleich zur Karriere Ihres Mannes? Was würde passieren, wenn Sie damit aufhören würden?

- **Lernen Sie, Gedanken und Gefühle zu regulieren: Was hilft mir, negative Gedanken und Gefühle herabzuregulieren und positive zu aktivieren?** Lernen Sie, beeinträchtigende Gedanken und Gefühle zu drosseln, indem Sie diese relativieren und differenzieren: Ist es wirklich *immer* so, dass Sie Ihre Argumente nicht gut formulieren können? Und: Können andere das wirklich immer besser? Üben Sie andererseits, bewusst wieder auf andere Gedanken und in bessere Stimmung zu kommen: Was können Sie jetzt aus »Selbstvertrauens-Perspektive« tun? An welche positiven Punkte können Sie sich erinnern? Was hilft Ihnen jetzt, anders, freundlicher mit sich selbst umzugehen? Was können Sie sich jetzt Ermutigendes sagen? Am besten legen Sie sich ein paar Strategien zurecht, die sicher helfen und auf die Sie immer wieder zurückgreifen können.

- **Bestimmen Sie: Was ist jetzt ein passendes Vorgehen?** Vielleicht wollen Sie allen Mut zusammennehmen und tun, was Sie als Mensch voller Selbstvertrauen tun würden. Sie sagen etwa laut und deutlich, was Sie stört, statt still zu leiden. Oder Sie überdenken angestrebte Ziele und bestimmen realistische Zeiträume, um diese zu erreichen. Oder Sie entwickeln Ideen, wie Sie sich künftig mehr an Erreichtem, Gelungenem freuen können, etwa mit einem kleinen Ritual. Ich kann Ihnen dies aus eigener Erfahrung sehr empfehlen. Es ist nicht nur schön – es »verankert« auch die Erinnerung an das Ereignis. Am besten machen Sie das mit einer Person, die Sie in Ihrem Prozess ermutigt.

Berücksichtigen Sie bei diesen Schritten:

- **Ziel ist es, die destruktiven Muster zu erkennen, sodass Sie sie ändern können.** Menschen mit mangelndem Selbstvertrauen kreisen oft endlos um sich selbst. Es geht nicht darum, zum x-ten Mal festzustellen, dass Sie etwas nicht gut machen. Es geht darum zu erkennen, wie das Muster entsteht, abläuft und wie Sie es stoppen können. So können Sie den Teufelskreis verlassen.
- **Bleiben Sie dran.** Wenn Sie wie Frau Plüss viele Jahre mit angeschlagenem Selbstvertrauen durchs Leben gezogen sind, wird sich dies nicht sofort ändern. Nehmen Sie sich immer wieder an der Hand, rappeln Sie sich auf und machen Sie bewusst einen Schritt, der Ihr Selbstvertrauen stärkt: Rufen Sie eine Freundin an und erzählen etwas Schönes. Hacken Sie Holz. Hören Sie Musik, die Sie fröhlich macht. Laufen Sie schnell einmal um den Block. Kommen Sie in Kontakt mit Ihrer Kraft. Und gehen Sie weiter.

In Abbildung 46 finden Sie die obigen Schritte zusammengefasst.

Veränderung wagen *und* Selbstvertrauen stärken:
Wie gehe ich in kritischen Momenten *anders* vor?

- Kritische Momente registrieren und destruktive Muster stoppen.
- Was läuft in solchen Momenten ab?
- Annahmen und Deutungen überprüfen: Stimmen sie?
- Üben, negative Gedanken und Gefühle »herabzuregulieren« und positive zu aktivieren.
- Was ist dann ein passendes Vorgehen?

Wenn Sie jetzt einiges entdeckt haben, was Ihnen allen Grund gibt, mit Vertrauen vorwärtszugehen, dann spüren Sie auch neue Motivation, diesen Bremsklotz von Verunsicherung, Zweifel, Selbstkritik hinter sich zu lassen. Nehmen Sie die aktuelle Veränderungssituation als Anlass, gleich mit aufgefrischten Erinnerungen und neu gefasstem Mut damit anzufangen, Schritte umzusetzen, die Sie nicht nur in eine Richtung vorwärtskommen lassen, die Sie sich wünschen, sondern die auch Ihr Selbstvertrauen stärken. Viel Erfolg!

8 »Wo ist hier das Ende des Tunnels?!«
Was weiterführt, wenn Erfolg auf sich warten lässt

> »Die drei wichtigsten Dinge, um alles zu erreichen, was sich lohnt, sind harte Arbeit, Durchhaltevermögen und gesunder Menschenverstand.«
>
> Thomas Alva Edison (1847–1931)
> US-amerikanischer Erfinder und Unternehmer

In diesem Kapitel geht es um Durststrecken in Veränderungsprozessen, um Situationen, in denen erwünschte Resultate trotz Engagement auf sich warten lassen.

Das kann es immer geben: Phasen, in denen kein »Ankommen« in Sicht ist. Es ist verständlich, wenn dies verunsichert: Was soll ich jetzt machen? Wie soll ich das interpretieren? Ist es vielleicht doch nicht möglich zu erreichen, wofür ich mich engagiere? In solchen Momenten wird Vertrauen ins Gelingen auf die Probe gestellt.

Was tun, wenn es gerade so schwierig ist? Wenn positive Resultate ausbleiben? Wie vorgehen, wenn das Vertrauen, dass man Angestrebtes erreichen wird, abhandenzukommen droht?

Im Kern geht es dann darum, erneut genau hinzuschauen und zu klären, ob man gut unterwegs ist, und es gilt, Strategien fürs Dranbleiben zu entwickeln oder ob Kurskorrekturen nötig sind. Passende Maßnahmen verbessern die realen Chancen und stärken das Vertrauen ins Gelingen. Dieses Kapitel handelt davon, was dies konkret bedeutet.

» *Wo ist hier das Ende des Tunnels?!«*

Frau Novak ist auf Stellensuche. Ich begleite sie dabei. In ihrem Herkunftsland hat sie ein technisches Studium absolviert. In der Schweiz arbeitete sie ein paar Jahre im Gastgewerbe. Vor einiger Zeit entschloss sie sich, die Verbindung zu ihrem ersten Berufsfeld wieder aufzunehmen. Sie absolvierte dazu eine Weiterbildung. Sie weiß, dass es nicht einfach sein wird, doch ihr Ziel ist realistisch und die Bewerbungsstrategie gut. Ihr Auftreten ist sympathisch, kompetent und engagiert. Nur: Keine Stelle in Sicht. Sie hat schon so viele Bewerbungen geschrieben. Sie ist entmutigt und fragt: »Wo ist hier nur das Ende des Tunnels?!«

Solche Situationen können immer einmal auftreten: Man hat sich entschlossen auf den Weg gemacht, doch das Ziel bleibt in weiter Ferne. Menschen, die eine Stelle suchen, werden oft damit konfrontiert: Sie setzen sich engagiert ein, doch es kommt zu unzähligen Absagen. Andere haben voller Hoffnung eine neue Therapie begonnen, um eine Krankheit positiv zu beeinflussen, doch die erwünschte Verbesserung bleibt aus. Wieder andere suchen aktiv eine Partnerin, doch haben bisher bei keiner Frau das innere Wissen gehabt: »Das ist sie.«

Die Fragen in Abbildung 47 laden Sie ein, sich zu vergegenwärtigen, wie Sie unterwegs sind.

Die Ausgangslage klären: Welche Resultate habe ich erreicht?

- Wenn gute Resultate ausbleiben: Wie erklären Sie sich dies?
- Was tun Sie nun (Strategie überprüfen, sich selbst ermutigen, andere Schritte ausprobieren, am Ziel oder an sich selbst zweifeln, klagen usw.)? Was bewirkt das?
- Wo stufen Sie Ihr Vertrauen, Ihr Ziel zu erreichen, auf einer Skala von 0–10 ein? Was veranlasst Sie zu dieser Einstufung?
- Was würde dazu beitragen, dass Ihr Vertrauen um einen Punkt auf der Skala steigt? Was können Sie selbst dazu beitragen? (47)

Abbildung 48 zeigt, wann es besonders wichtig ist zu klären, was bei ausbleibendem Erfolg ein gutes Vorgehen ist.

Bei ausbleibendem Erfolg ein passendes Vorgehen finden:
Anhaltspunkte, wann dies besonders wichtig ist

- Was Sie anstreben, ist objektiv besonders schwer zu erreichen.
- Sie haben das Gefühl, alles zu tun, was Sie tun können. Sie sind ratlos, warum gute Resultate ausbleiben.
- Sie sind enttäuscht, dass Ihr Einsatz nicht mehr bewirkt.
- Sie strengen sich mehr an; statt einer positiven Wende bewirkt dies Erschöpfung.
- Sie werden ungeduldig, versuchen, Resultate zu erzwingen.
- Sie fangen an zu zweifeln: an Ihren Zielen, an deren Erreichbarkeit, an sich und Ihren Fähigkeiten, am Leben.
- Sie verlieren Mut und Hoffnung, Ihr Ziel erreichen zu können.
- Sie suchen Schuld bei sich, anderen oder den Umständen.
- Sie sind zunehmend frustriert und nahe daran aufzugeben. (48)

In Abbildung 49 ist als Faustregel zusammengefasst, wann es gilt, Maßnahmen zu treffen. Trifft einer der Punkte bei Ihnen zu?

Bei ausbleibendem Erfolg ein passendes Vorgehen finden:

☞ Faustregel

Es ist wichtig, neu zu bestimmen, wie Sie weitergehen wollen und können, wenn

- es über längere Zeit trotz Einsatz nicht zu Fortschritt, Erfolgserlebnissen und zum Erreichen wichtiger Ziele kommt;
- Sie zunehmend frustriert, mutlos sind, an Ihrem Vorhaben oder sich selbst zweifeln und / oder erwägen aufzugeben. (49)

Ziel bei der Erforschung dieser besonderen Schwierigkeiten ist es, dass Sie nicht frustriert oder resigniert aufgeben, sondern auf gute Weise durchhalten bzw. neue Schritte wagen können.

Hintergrund und Ansatzpunkt

Grob gesagt gibt es für ausbleibenden Erfolg zwei Hauptgründe:

- Das Vorgehen ist nicht optimal: Das Ziel ist unklar oder passt nicht, die gewählten Schritte sind nicht geeignet und / oder die eigene Haltung ist nicht förderlich.
- Es ist realistisch gesehen sehr anspruchsvoll, das angestrebte Ziel zu erreichen: Es gibt objektive Gründe, die dies erschweren.

Wenn das angestrebte Ziel unklar oder unrealistisch ist bzw. der eigenen Person letztlich nicht entspricht, können sich schwerlich positive Resultate einstellen. Wer etwa trotz einer Parkinson-Erkrankung seine Karriere fortsetzen will, als wäre nichts, verfolgt ein Ziel, dessen Erreichbarkeit von vornherein infrage gestellt ist. Auch ein vages Ziel erschwert Erfolg. Wer von morgens bis abends Bewerbungen schreibt, aber nicht präzise benennen kann, was er will, kann und zu bieten hat, dessen Vorgehen bietet wenig Aussicht auf Erfolg.

»Herr P., z. Z. arbeitslos, möchte sich selbständig machen als Organisationsberater. Als er zu mir in die Beratung kommt, ist er schon einige Monate damit an der Arbeit. Ohne Erfolg. Keine Termine, keine Kunden. Er ist frustriert. Wir schauen die bisherigen Schritte an. Voller Stolz zeigt er mir einen Flyer, den er an viele Firmen versandt hat. Ich schaue diesen Flyer an. Es wird mir nicht klar, was Herr P. anbietet. Ich frage ihn: »Was ist Ihr Produkt? Wann ist Ihre Dienstleistung für mich als Firma interessant? Wie können Sie mir helfen, wenn wir in unserer Organisation ein Problem haben?« Herr P., bisher viel am Reden, wird still. Er hat keine schlüssige Antwort. Obwohl er sich enorm engagiert, ist die Wahrscheinlichkeit gering, dass er Erfolg haben wird: Sein Ziel ist nur auf den ersten Blick klar. Sein Produkt ist nicht definiert. Und er streut *seinen Flyer ungezielt an unzählige Firmen. Das ist kein Grund, Vertrauen zu verlieren. Sondern Anlass, das Ziel zu überdenken und zu präzisieren: Ist »Organisationsberater« wirklich ein Ziel, das Herrn P. entspricht? Wie kommt er darauf? Was bringt er dafür mit? Warum und wie ist er für Firmen interessant? Und, falls daraus ein präzises Ziel entwickelt werden kann, gilt es, geeignetere Schritte zu bestimmen, als Flyer zu streuen.*

Auch die eigene Haltung kann Erfolg verhindern. Wer sich als Opfer von Umständen fühlt, beeinträchtigt mit dieser Haltung die eigene Kreativität. Wer sich hilflos fühlt oder keinen guten Faden an sich lässt, wird es schwer haben, produktiv zu handeln. Wer destruktive Anschauungen pflegt, ist nicht offen für positive Wendungen.

» *Frau O. wünscht sich einen Partner. Sie hat mehrere Beziehungen gehabt. Glücklich war sie dabei nie. Es scheint, als würde sie magnetisch Männer anziehen, denen es nicht gut geht, die ihre Power und Hilfe brauchen. Frau O. hat genug davon. Sie möchte endlich eine gute Partnerschaft. Ich frage sie, was sie sich darunter vorstellt. Statt Wünsche und Vorstellungen zu formulieren, sagt sie fast bitter: »Den optimalen Mann gibt es nicht. Entweder sie sind Schwächlinge und suchen einen Mutterersatz. Oder sie haben Mühe mit einer starken Frau.« Mit dieser Haltung ist es nicht erstaunlich, dass Frau O. immer wieder an Männer gerät, mit denen es keine Zukunft gibt. Auch das ist kein Anlass, den Wunsch nach einer guten Partnerschaft zu begraben. Hier ginge es darum, die eigene Haltung kritisch zu reflektieren und zu klären: Bin ich bereit, diese zu ändern und mich für neue positive Erfahrungen zu öffnen?*

Doch Erfolg kann auch ausbleiben, wenn man gut unterwegs ist. Thomas Edison, vor allem bekannt als Erfinder der Glühbirne, den ich eingangs dieses Kapitels zitiere, hatte viele Misserfolge und Durststrecken zu bewältigen auf dem Weg zu dem, was er anstrebte. In solchen Situationen ist nützlich, woran Edison sich gehalten hatte: »*Harte Arbeit,*

Durchhaltevermögen und gesunder Menschenverstand«. Edison würde sicher nicht widersprechen, wenn ich ergänze: Zugleich offen bleiben für neue und andere Schritte. Er soll gesagt haben: *»Ich habe nicht versagt. Ich habe nur 10 000 Wege gefunden, wie es nicht funktioniert.«* Er hatte Durststrecken durchgehalten, indem er neue Wege ging und nicht locker ließ, bis seine Ideen Realität geworden waren. Winston Churchill soll gesagt haben: *»Die Kunst ist, einmal mehr aufzustehen, als man umgeworfen wird.«* Edison scheint in dieser Kunst Perfektion erreicht zu haben.

Schließlich gibt es Situationen, in denen erwünschte Resultate trotz Durchhalten ausbleiben. Heutzutage ist dies gerade im beruflichen Bereich eine Realität: Viele Menschen suchen einen neuen Arbeitsplatz und machen alles richtig. Sie finden dennoch keine Stelle, zumindest nicht innerhalb der gewünschten Zeit oder im angestrebten Tätigkeitsbereich. Herr L. arbeitet als Informatiker bei einer Bank. Er sieht, dass es der Bank nicht gut geht, und schätzt die eigenen Chancen, bleiben zu können, schlecht ein. Er ist Mitte fünfzig. Er beginnt, sich nach einer neuen Stelle in seinem Bereich umzusehen. Nur Absagen. Er erwägt Alternativen. Er ist handwerklich begabt. Er kann sich gut vorstellen, als Hausmeister zu arbeiten. Doch dazu fehlt ihm das erforderliche Diplom. Eine Realität, mit denen es viele Menschen zu tun bekommen.

Wenn Erfolg ausbleibt, gibt es nur eines: erneut genau hinschauen. Statt sich mit Zweifeln zu schwächen oder blind am eingeschlagenen Kurs festzuhalten, statt Vertrauen zu verlieren, zu resignieren oder frustriert den Bettel hinzuschmeißen, gilt es innezuhalten, sich den Prozess und die bisherigen Schritte zu vergegenwärtigen und zu klären, was genau abläuft. Je nachdem sind die Weichen anders zu stellen: Im einen Fall kommt man weiter, indem man Ziele, Vorgehen und Haltung optimiert und neue / andere Schritte wagt. Im anderen Fall kommt man weiter, indem man Strategien entwickelt, die helfen durchzuhalten.

In Abbildung 50 ist das Wichtigste zusammengefasst.

☞ Wenn Erfolg trotz Engagement auf sich warten lässt, sind entweder Ziele, Vorgehen, Haltung nicht angemessen, oder man hat es mit einer Situation zu tun, in der es objektiv sehr anspruchsvoll ist, zu erreichen, was man erreichen will.

☞ Ansatzpunkt ist es, genau hinzuschauen und Weichen neu zu stellen: Je nach dem gilt es, Ziele, Vorgehen und Haltung zu optimieren, neue, andere Schritte zu wagen und / oder Strategien zu entwickeln fürs Dranbleiben. (50)

Es *ist möglich*, den Tunnel zu verlassen!

Frau Novak, von der ich oben erzählt habe, war in einem Tief. Es hatte so hoffnungsvoll begonnen. Im ersten Beratungsgespräch hatte sie den Wunsch formuliert, wieder in ihrem gelernten Beruf als technische Kauffrau zu arbeiten. Sie hatte sich auf einige Stellen beworben, bekam jedes Mal unverzüglich Absagen. Ich begleitete sie dabei, ihre Bewerbungsunterlagen zu verbessern. Sie übte, wie sie in Bewerbungsgesprächen ihre Kompetenz und Motivation deutlicher machen konnte. Dies war umso wichtiger, als sie einige Jahre außerhalb des gelernten Berufs gearbeitet hatte. Sie lernte schnell und sehr motiviert. Mit dem Resultat, dass sie plötzlich öfter zu Bewerbungsgesprächen eingeladen wurde und mehrere Male in die engste Auswahl kam. Diese Erfahrung, mit konkreten Schritten Fortschritt zu erzielen, ermutigte sie enorm und stärkte ihr Vertrauen. Doch die Zeit verging, und die Zusage für eine Stelle blieb aus. Langsam verlor sie ihr Vertrauen wieder. Was nun?

Alles, was sie selbst beeinflussen konnte, war im grünen Bereich: Ihr Ziel war anspruchsvoll, aber nicht unrealistisch. Sie machte gute Schritte mit einer guten Haltung. Wir besprachen die Möglichkeiten, die sie jetzt hatte: Entweder Ziel und Ansprüche zurückschrauben oder Strategien fürs Dranbleiben finden. Das heißt: entweder die Stellensuche ausweiten und sich auch auf andere Stellen orientieren; in ihrer Situation war dies realistischerweise das Gastgewerbe, wo sie zuletzt gearbeitet hatte. Oder trotz allem dranbleiben. Finanziell hatte sie noch etwas Spielraum und ihr Partner war bereit, beizuspringen. Solche Situationen fordern heraus, diese Alternative abzuwägen und zu einer Entscheidung zu kommen, hinter der man steht, die umsetzbar und verkraftbar ist. Jede Person muss diesen Entscheid für sich selbst fällen. Wer Pro und Kontra abwägt, kann mit neuer Entschlusskraft weitergehen. Frau Novak überlegte sich ernsthaft, ihr Ziel aufzugeben und in die Gastronomie zurückzukehren. Der Stress der Stellensuche nagte an ihr, führte zunehmend zu Selbstzweifeln und beeinträchtigte die Lebensqualität. Dass sie sich diese Alternative zugestand, entlastete sie bereits. Und führte zur Entscheidung, beim gesetzten Ziel zu bleiben. Unsere Gespräche hatten ihr deutlich gemacht, dass es objektiv schwierig *war* und sie nicht an ihrer Kompetenz und ihrem Vorgehen zu zweifeln brauchte. Sie wurde ruhiger und zuversichtlicher. Sie wollte sich noch ein halbes Jahr Zeit geben.

Nachdem diese Entscheidung getroffen war, besprachen wir Strategien, die ihr halfen dranzubleiben. Die Stellensuche konnte wie bisher weiterlaufen; daran war nichts falsch. Maßnahmen erfolgten auf anderen Ebenen: zeitlich die Stellensuche einschränken und bewusst für Ablenkung, Entspannung und Tätigkeiten sorgen, die neue Energie gaben. Sport tat ihr gut. Und ihr Freundeskreis. Hier wollte sie mehr Zeit investieren. Ich regte sie an, Strategien zu entwickeln, um mental nicht abzusacken. Einmal kam sie lachend ins Gespräch: »Ich habe einen mentalen Spray erfunden. Jedes Mal, wenn ich wieder allen Mut verliere und mich als Versagerin fühle, stelle ich mir vor, diese Gedanken wegzusprayen.« Alles, was hilft, ist gut. Ein anderes Hilfsmittel war, jedes Vorstellungsgespräch auf ein Blatt Papier zu notieren und dieses Blatt an den Kühlschrank zu hängen. Die Liste wurde immer länger. Das erinnerte sie, dass es nicht aussichtslos war. Und wenn sie in der Nacht erwachte, weil sie plötzlich wieder diese Angst hatte, im »Tunnel« steckenzubleiben, stand sie künftig auf, machte sich einen Tee, notierte ihre Ängste, schaute, wie sie diesen begegnen konnte, und erlaubte sich, wieder neu zu entscheiden, ob sie dranbleiben wollte. Kurz bevor das halbe Jahr, das sie sich gegeben hatte, vorbei war, erhielt sie die Zusage für eine Stelle im gewünschten Bereich.

Nicht immer gibt es dieses Happy End. Doch das Vorgehen bleibt gleich. Immer ist es wichtig, dass man sich rechtzeitig vor Ablauf dieser Frist, die man selbst bestimmt oder die einem vielleicht auch, z. B. aus finanziellen Gründen, aufgezwungen wird, wie Frau Novak öffnet für alternative Wege und neu entscheidet.

Im Folgenden erhalten Sie Anregungen, wie Sie vorgehen können, wenn in Ihrer Situation Erfolg auf sich warten lässt.

Die zwei entscheidenden Erfolgsfaktoren

Oben wurde unter »Hintergrund und Ansatzpunkt« beschrieben, dass das Ausbleiben von Erfolg im Kern auf zwei Hauptgründe zurückgeht: Etwas an Ziel, Vorgehen oder Haltung ist nicht gut. Oder / und es handelt sich um ein objektiv schwer erreichbares Ziel.

Ob an Ziel, Vorgehen oder Haltung etwas verbessert werden sollte, können Sie anhand der anderen Kapitel dieses Buches durchchecken. Wenn z. B. Ihr Ziel vage ist, können Kapitel 2 und 4 weiterführen. Wenn Sie sich verlieren im Versuch, alles aufs Mal anzupacken, kann Kapitel 1 hilfreich sein. Wenn Sie nicht glauben, dass Sie jemals in eine gute neue Situation kommen können, finden Sie in Kapitel 3, 5 oder 7 Anregungen. Am besten gehen Sie die Checkliste im Schlusskapitel durch.

Hier möchte ich jetzt auf den anderen Hauptgrund fokussieren, darauf, wie Sie vorgehen können, wenn Sie es objektiv gesehen mit einem schwer erreichbaren Ziel zu tun haben. Zwei Faktoren sind dann wichtig:

- *Genau hinschauen: Was macht mein Ziel schwer erreichbar? Wie spiele ich realistisch und authentisch darauf ein?*
- *Unterstützende Maßnahmen treffen: Was hilft mir dranzubleiben?*

→ 1: Genau hinschauen: Was macht mein Ziel schwer erreichbar?
Wie spiele ich realistisch und authentisch darauf ein?

Wenn es darum geht, wie Sie real erschwerenden Faktoren am besten begegnen, ist es sinnvoll, zunächst so objektiv wie möglich hinzuschauen: Was ist hier genau die Schwierigkeit?

Damit schaffen Sie die Basis, auf der Sie gezielt erkunden können: Wie kann ich diesem Schwierigen am besten begegnen?

Vergegenwärtigen Sie sich, warum Ihr Ziel objektiv schwer erreichbar ist. Welche realen Fakten erschweren dies? Vielleicht wollen Sie anhand der untenstehenden Punkte checken, was bei Ihnen zutrifft:

- **Es handelt sich um ein anspruchsvolles Vorhaben, das langen Atem erfordert.** Wer ein Produkt entwickeln, eine Firma gründen, Gewohnheiten im Lebensstil ändern, 30 kg abnehmen, einen Schuldenberg abbauen will, verfolgt ein Ziel, das langen Atem erfordert. Sind Sie vorbereitet auf diesen langen Weg?

- **Es gibt viele, die das gleiche Ziel anpeilen.** Wer sich als eine von 500 Personen auf eine Stelle bewirbt, hat eine Chance von 1:500, die Stelle zu bekommen. Was unterscheidet Sie?

- **Nur wenige erreichen, was Sie anstreben.** Wenn Sie Solotänzer bei einem berühmten Choreografen werden, den Mount Everest besteigen, mit Ihrer Firma Marktleader werden wollen, sind dies hoch gesetzte Ziele. Nichts ist falsch damit! Was spricht dafür, dass Sie Ihr Ziel erreichen werden?

- **Bestimmte Eigenschaften, Kenntnisse, Fähigkeiten, Ressourcen, die für das Erreichen des Ziels wichtig sind, haben Sie nicht.** Wenn Sie sich mit 55 auf eine Stelle bewerben, ist Alter oft ein Handicap. Wenn Sie introvertiert sind, kann es schwerfallen, einen potentiellen Partner anzusprechen. Wenn Sie sich ohne großes Beziehungsnetz beruflich selbständig machen, müssen Sie andere Wege finden, um bekannt zu werden. Womit gleichen Sie »Handicaps« aus?

- **Die Veränderung ist ein offener Prozess.** Wer z. B. mit einer chronischen Krankheit Lebensqualität erhalten will, muss sich darauf einstellen, dass es dauerhaft und immer wieder neu Energie, Mut und Vertrauen erfordert, sich für dieses Ziel einzusetzen. Sind Sie realistisch auf einen solchen Prozess eingestellt und wissen Sie, wozu es Sinn macht dranzubleiben?

Wie Sie realen Schwierigkeiten produktiv begegnen können:

- **Reale Erschwernisse sind zu akzeptieren.** Das kann schwerfallen, ist aber auch entlastend. Wenn Sie nüchtern davon ausgehen, dass sich ein paar Hundert andere auf die gleiche Stelle bewerben, brauchen Sie sich bei einer Absage nicht zu schwächen mit Selbstzweifel.

- **Reale Erschwernisse sind aber keine Einladung aufzugeben!** Sie sind Grundlage, auf der Sie Ideen sammeln können, wie Sie realistisch und authentisch darauf einspielen können. Je nüchterner und präziser Sie reale Schwierigkeiten im Blick haben, desto produktiver können Sie diesen begegnen.

- **Verzichten Sie auf Opferdenken, Schuldzuweisungen, Schicksalsglauben, (Selbst-)Zweifel, Selbstmitleid oder Resignation.** Diese führen in einen Sumpf beeinträchtigender Gefühle; etwas, was man gerade in schwierigen Phasen nicht brauchen kann. Es ist verständlich, wenn man nach der x-ten gescheiterten Beziehung zweifelt, ob man je noch eine glückliche Partnerschaft mitmachen wird. Aber bleiben Sie nicht dabei.

- **Finden Sie einen angemessenen Zeitrahmen.** Wenn Sie 30 Kilo abnehmen wollen, ist es unrealistisch, dieses Ziel in drei Wochen zu erreichen. Setzen Sie den Zeitrahmen besser zu lang als zu kurz. Unterteilen Sie diesen in Zwischenetappen, die überschaubar und bewältigbar sind und die Sie in einem Tempo angehen können, mit dem Sie lange durchhalten.

- **Fokussieren Sie auf Ihre Stärken, auf das, was Sie auszeichnet.** Wenn viele das Gleiche anstreben wie Sie – die gleiche Stelle erhalten, einen Partner finden, sich mit einem Produkt auf dem Markt behaupten –, ist es entscheidend, dass Sie wissen, wer Sie sind, was

Sie positiv auszeichnet. Sagen Sie nicht »Es ist aussichtslos«, sondern »Daher erkunde ich extra sorgfältig, was mir entspricht, mich interessiert, begeistert, was ich gerne mache, worin ich gut bin und wie ich dies zum Ausdruck bringen kann«. Versuchen Sie nicht, krampfhaft originell oder anders zu sein; fokussieren Sie darauf, Ihre Persönlichkeit authentisch zum Ausdruck zu bringen. Dadurch ziehen Sie Menschen an, die sich jemanden wie Sie wünschen, egal, ob es sich um eine Stelle, Kunden, einen Partner handelt.

- **Wagen Sie alternative Wege, auch unorthodoxe!** Es gibt immer mehrere Wege zu einem Ziel. Manchmal sind es gerade die unüblichen und wenig begangenen Wege, die positive Wendungen ermöglichen. Herr M., auf Stellensuche, machte seinen Abendspaziergang einmal durch ein anderes Quartier. Er kam an einer Firma vorbei und dachte: »Daran habe ich noch gar nicht gedacht. Für diese Firma würde ich gerne arbeiten. Deren Produkt hat mich schon immer interessiert.« Am nächsten Tag verfasste er eine Spontanbewerbung. Er wurde zu einem Gespräch eingeladen. Kurz danach erhielt er die Zusage für eine frei gewordene Stelle. Sammeln Sie Ideen, wie *Sie* anders vorgehen können, ruhig auch ungewöhnliche. Achten Sie aber darauf, dass diese zu Ihnen passen. Wagen Sie solche Schritte.

- **»Handicaps« haben auch positive Seiten.** Erkunden Sie, was die Vorteile von Nachteilen sind, und orientieren Sie sich daran. Nehmen Sie etwa in einem Bewerbungsschreiben dem »Handicap Alter« souverän den Wind aus den Segeln: »Ich weiß, viele gehen davon aus, dass ein 55-Jähriger ein teurer Arbeitnehmer, mental eingerostet, körperlich nicht mehr fit ist und auf die Pension wartet. Mag sein. Ich bin begeisterter Techniker. 25 Jahre Erfahrung gerade in Abläufen, die Ihr neuer Mann beherrschen muss, helfen mir, Lösungen zu finden. So konnte ich in meiner letzten Funktion wesentlich zur Behebung technischer Probleme von Produkt X beitragen, was sich in einer Umsatzsteigerung von x % niederschlug.« Was sind die Vorteile *Ihrer* »Handicaps«?

- **Machen Sie es sich nicht leicht, aber halten Sie nicht blind an Zielen fest.** Sagen Sie nicht gleich: »Das ist schwierig. Das geht nicht.« Schauen Sie, was Sie (noch anders) tun können. Um nochmals Thomas Edison zu zitieren: »*Erfolg hat nur, wer etwas tut, während er auf den Erfolg wartet.*« Doch wenn Sie redlicherweise nicht erreichen können, was Sie erreichen möchten, wenn alles nur noch Stress ist und zu schlaflosen Nächten führt, haben Sie dann den Mut, sich von einem Ziel zu verabschieden. Manchmal ist dies die beste Entscheidung. Und ermöglicht neue Wege.
- **Nützlich: Ein »Plan B«.** Vielleicht wollen Sie wie Frau Novak erkunden, was wäre, wenn Sie das bisherige Ziel aufgeben. Für Frau Novak war der Gedanke entlastend, notfalls wieder ins Gastgewerbe zurückzukehren. Dies bewirkte, dass sie entschied, bei ihrem Ziel zu bleiben. Wer den Mut aufbringt, »Worst-Case«-Szenarien konstruktiv durchzudenken, kann danach meist freier handeln. Welche Alternativen sehen Sie in Ihrer Situation?

In Abbildung 51 sind die obigen Schritte zusammengefasst.

Bei ausbleibendem Erfolg ein passendes Vorgehen finden:
Was macht mein Ziel objektiv schwer erreichbar?

Trifft einer der folgenden Sachverhalte zu?
- Es handelt sich um ein anspruchsvolles Vorhaben, das langen Atem erfordert.
- Es gibt viele, die das gleiche Ziel anpeilen.
- Nur wenige erreichen, was ich anstrebe.
- Bestimmte Eigenschaften, Kenntnisse, Fähigkeiten, Ressourcen, die hier wichtig sind, habe ich nicht.
- Die Veränderung ist ein offener Prozess.
Wie spiele ich realistisch und authentisch auf Schwierigkeiten ein? (51)

→ 2: Unterstützende Maßnahmen treffen: Was hilft mir dranzubleiben?

Wenn Sie im Blick haben, was das Erreichen Ihres Ziels objektiv erschwert, und konstruktiv darauf einspielen, gibt es einen weiteren Faktor, der wichtig ist: Maßnahmen, die helfen dranzubleiben.

Vergegenwärtigen Sie sich, was Sie ermutigt durchzuhalten. Wozu macht es Sinn, jetzt nicht aufzugeben? Woran orientieren Sie sich? Was gibt Ihnen neue Energie? Denken Sie auch an frühere Situationen, in denen Sie Schwieriges bewältigt haben. Vielleicht wollen Sie einige der folgenden Maßnahmen einbeziehen:

- **Den motivierenden Horizont »verankern«.** Ein motivierender Horizont, der innerlich lebendig ist, erleichtert das Kurshalten. Und erinnert Sie in schwierigen Momenten daran, wozu sich all die Mühe lohnt. Wenn Sie sich auf einer Wanderung in einer Steilpassage befinden, hilft die Vorstellung, wie Sie auf dem Gipfel stehen werden. Bilder helfen, Ziele nicht aus den Augen zu verlieren und stimulieren Gefühle und Denken. Halten Sie sich gegenwärtig, was Sie erreichen wollen. Lassen Sie ein plastisches Bild Ihres motivierenden Horizonts entstehen. Wenn dieser Ihnen wirklich entspricht und Sie Schritte umsetzen wollen: Versetzen Sie sich mental immer wieder in die Situation, in der Sie Ihr Ziel erreicht haben werden. Wie wird das sein? Wie fühlen Sie sich dann? Was tun Sie? Verbinden Sie Ihr Ziel mit positiven Gefühlen: Worüber freuen Sie sich, wenn Sie »angekommen« sind? Worauf sind Sie stolz?
- **Hilfreiche und motivierende Sicht- und Denkweisen trainieren.** Das Denken bestimmt weitgehend das Handeln. *»Mit unseren Gedanken gestalten wir die Welt.«* (Buddha) Aufbauende Anschauungen sind Energie- und Ideenquelle sowie Motor fürs Handeln. Pflegen Sie Sicht- und Denkweisen, die Sie ermutigen dranzubleiben. Lassen Sie sich inspirieren durch Aussagen von Menschen, die Schwieriges gemeistert haben. Was können Sie sich in schwierigen Momenten sagen? Welche Gedanken bauen Sie dann auf? Vielleicht wollen

Sie sich ein Motto aufschreiben, das Sie sich regelmäßig vergegenwärtigen und auf das Sie in schwierigen Momenten zurückgreifen können.

- **»Pendeln« zwischen Problemlösung und Distanz.** In Kapitel 1 wurde beschrieben, wie wichtig es ist, sich nicht pausenlos mit Schwierigem zu beschäftigen. Schaffen Sie sich einen Tagesrhythmus, in dem auch Entspannung vorkommt.

- **Tun-als-ob.** *»Wenn du enthusiastisch sein willst, verhalte dich enthusiastisch. Der innere Enthusiasmus wird folgen.«* (William Ellis) Verhalten, das zum erwünschten Ziel passt, lässt erfahren, wie es sich anfühlt, »angekommen« zu sein. Dies weckt die Motivation, auf Kurs zu bleiben. Ein häufiger Trugschluss: »Wenn ich einen Partner gefunden habe, werde ich glücklich sein.« Kehren Sie es um: Verhalten Sie sich glücklich und ziehen *so* Menschen an, die dies attraktiv finden.

- **Energie tanken.** Gerade schwierige Situationen lassen sich nur durchhalten, wenn Sie gut zu der Person schauen, auf die Sie dann am meisten angewiesen sind: Sie selbst. Sorgen Sie bewusst für Bewegung, gesunde Ernährung, genügend Schlaf und Erholungsphasen. Das ist wichtiger, als Sie vielleicht denken.

- **Fortschritte und Erfolgserlebnisse sehen und wertschätzen.** Zeichen von Vorankommen sind wichtige Informationsquellen und »Dünger« für Vertrauen ins Gelingen. Doch: Sie wollen wahrgenommen werden! Wenn Sie nach einer Familienphase wieder in den Arbeitsprozess finden wollen, schon bei der ersten Bewerbung in die engste Auswahl kommen, aber eine Person mit mehr spezifischer Erfahrung vorgezogen wird: Sagen Sie dann nicht: »Ich schaff das nie! Ich hab's schwer in meiner Position.« Feiern Sie diesen Erfolg und gehen Sie weiter. Über welche Erfolgserlebnisse können *Sie* sich freuen? Wo erkennen *Sie* Fortschritt? Wie können Sie *mehr* tun, was zum Erfolg geführt hat?

- **Einen passenden Umgang mit Frustration finden.** Menschen, die erfolgreich Schwieriges bewältigen, zeichnen sich dadurch aus, dass sie Frustrierendes wahrnehmen, entsprechende Gefühle zulassen, aber dann bewusst positive Gefühle mobilisieren, um wieder handeln zu können. Tun Sie das ebenfalls. Finden Sie Rituale, die helfen, Frustration abzulassen und sich wieder neu zu ermutigen. Eine junge Frau mit Parkinson erzählte, dass sie sich in schlechten Momenten in ihr Zimmer zurückzieht. Ihre Familie kennt und respektiert das Ritual. Sie schreibt dann Tagebuch und liest danach in einem Buch mit aufbauenden Texten. So findet sie den Dreh wieder. Wie können Sie beeinträchtigende Gefühle zulassen, ohne sich davon lähmen zu lassen? Was hilft Ihnen, sich wieder neu zu motivieren?

- **Unterstützung durch andere.** Menschen, die einem wohlgesonnen sind und in einem Veränderungsvorhaben ermutigen, stärken einen nicht nur emotional, sondern bringen einen auch auf neue Ideen. Pflegen Sie den Kontakt zu solchen Menschen. Profitieren Sie von Erfahrungen anderer. Bitten Sie sie um Feedback oder um gemeinsames Sammeln von Ideen. Tauschen Sie Erfahrungen aus mit Menschen, die in ähnlichen Prozessen sind – warum nicht in einer Selbsthilfegruppe?
- **Planen Sie Hilfreiches, Unterstützendes in den Alltag ein.** Lassen Sie neue Gewohnheiten entstehen, die Ihnen helfen dranzubleiben. Etwa das morgendliche Ritual, bei einer Tasse Kaffee zu klären, was Sie an diesem Tag anpacken wollen. Oder der Abendspaziergang mit dem Hund. Oder die Stunde Klavierspiel. Oder der Yogakurs.

In Abbildung 52 finden Sie die obigen Schritte zusammengefasst.

Unterstützende Maßnahmen:

- Den motivierenden Horizont »verankern«.
- Hilfreiche und motivierende Sicht- und Denkweisen trainieren.
- »Pendeln« zwischen Problemlösung und Distanz.
- Tun-als-ob.
- Energie tanken (Bewegung, Ernährung, Schlaf, Erholung).
- Fortschritte und Erfolgserlebnisse sehen und wertschätzen.
- Einen passenden Umgang mit Frustration finden.
- Unterstützung durch andere.
- Hilfreiches, Unterstützendes in den Alltag einbauen. (52)

Schön, wenn Sie Ansatzpunkte erkannt und Ideen gesammelt haben, was Sie tun können, wenn Erfolg auf sich warten lässt – jenseits von Frustration, Zweifel, Resignation und Aufgeben. Dies stärkt Ihre Selbstwirksamkeit, das Gefühl, den Verlauf des Veränderungsprozesses mitbeeinflussen zu können. Es stärkt Ihr Vertrauen ins Gelingen. Und Sie werden erfahren, dass es immer wieder Möglichkeiten gibt. Toi, toi, toi!

9 »Soll ich, soll ich nicht ...«
Von Zögern und Zweifeln zu Klarheit

> »Wenn du einmal deine persönliche Wahrheit kennst,
> wird deine Wirklichkeit frei sein von Zweifeln.«
>
> Wayne W. Dyer (*1940)
> US-amerikanischer Psychotherapeut und Bestsellerautor

In diesem Kapitel geht es um Situationen, in denen man vor einem Veränderungsschritt steht, aber zögert, diesen umzusetzen.

Veränderung erfordert Entschlossenheit und Mut, Entscheidungen zu treffen und umzusetzen. Zugleich braucht es Vertrauen, dass man den Sprung ins Ungewisse, der jede Veränderung ist, wagen kann und dabei nicht abstürzen, sondern in einer guten neuen Situation »landen« wird.

Wie geht man denn vor, wenn man auf dem Sprungbrett steht, aber zögert, ins Wasser zu springen? Wenn es an der inneren Sicherheit fehlt, dass es gut und richtig ist, diesen Sprung zu wagen? Soll man sich selbst einen Stoß geben? Oder gibt es andere Wege?

Im Kern geht es darum zu verstehen, was Zögern und Zweifeln zugrunde liegt: Stimmt etwas mit dem Ziel nicht? Oder schreckt man vor den Risiken zurück, die mit dem Veränderungsschritt einhergehen? Dieses Kapitel zeigt, wie es gelingt, sich nicht von Zweifeln blockieren zu lassen.

》 *Soll ich, soll ich nicht …«*
Für die alten Eltern von Herrn Näf wird das große Haus, in dem sie leben, beschwerlich. Die Mutter kommt in ein Pflegeheim. Sie verliert dort binnen kürzester Zeit drastisch an Lebenskraft. Herr Näf will nicht länger zuschauen. Er hat eine Idee: In der Nähe seiner Wohnung ist eine kleine Wohnung zu kaufen. Er überlegt sich, diese zu erwerben und seine Eltern kurzerhand »umzusiedeln«. Ein großer Schritt für alle. Die Eltern sind ihr Leben lang kaum je aus ihrem Dorf gekommen. Herr Näf wohnt in einer Stadt einige hundert Kilometer entfernt. Auch für ihn ist es ein großer Schritt. Finanziell müsste es gehen. Doch: Werden die Eltern sich wohlfühlen? Wird er neben seiner Arbeit genügend Zeit aufbringen können, um das Nötige zu organisieren und für sie da zu sein? Was, wenn sich zeigen sollte, dass sie auch in dieser kleinen Wohnung und auch mit Unterstützung nicht allein leben können? In Herrn Näf arbeitet es: »Soll ich oder soll ich nicht …«

Jeder hat das wohl schon erlebt: Man steht vor einer Entscheidung. Und zögert. Tausend Gedanken gehen durch den Kopf: Ist das gut? Was, wenn es nicht klappt? Werde ich es bereuen? Man ist etwa auf dem

Sprung, mit der Partnerin zusammenzuziehen, doch eine Stimme hält einen zurück. Oder man hat den Wunsch, einmal längeren Urlaub zu nehmen, doch schreckt davor zurück, mit dem Chef zu sprechen. Man träumt vom eigenen Haus, schaut sich Häuser an, macht aber immer wieder einen Rückzieher.

Sicher wissen Sie sofort, wenn Sie es mit dem Stolperstein »Zögern« zu tun haben. Mit den Fragen in Abbildung 53 können Sie sich Ihre Situation vergegenwärtigen.

Die Ausgangslage klären:

Zögere ich, einen Veränderungsschritt zu wagen?

- Um welchen Veränderungsschritt geht es?
- Warum wollen Sie diesen Schritt tun?
- Was hält Sie zurück? Welche Gedanken sind im Spiel?
- Was erhoffen und wünschen Sie sich von diesem Schritt?
- Was befürchten Sie?
- Was wäre jetzt hilfreich, um zu einer Entscheidung zu kommen? (53)

Vor allem bei größeren Veränderungsschritten ist es völlig normal, ja empfehlenswert, nicht gleich loszupreschen, sondern sich Zeit zu nehmen, bis man am Punkt ist und sagt: »So, jetzt wage ich den Sprung.« Oft verlieren sich Menschen aber in Zweifeln. In Abbildung 54 finden Sie Anhaltspunkte, wann es Sinn macht, sich mit Zögern vor einer Veränderung auseinanderzusetzen.

Von Zögern und Zweifeln zu Klarheit:

Anhaltspunkte, wann hier anzusetzen ist

- Sie kreisen schon einige Zeit um die Frage, ob Sie eine bestimmte Veränderung wagen sollen oder nicht.
- Es gibt eine Art innerer Wackelkontakt: Sie wollen eine bestimmte Veränderung, schrecken jedoch davor zurück.
- Sie glauben, eine Veränderung herbeiführen zu müssen, sind aber nicht sicher, ob Sie das auch wirklich wollen.
- Abwägen führt nicht zu einer Entscheidung, sondern in mentales Kreisen.
- Sie können die Sache nicht stehen lassen und sich anderen Dingen zuwenden.
- Innerer oder äußerer Druck, entscheiden zu müssen, nimmt zu.
- Zögern und Zweifeln wird zunehmend belastend und lähmend.

In Abbildung 55 ist als Faustregel zusammengefasst, wann Sie erkunden sollten, was es mit Zögern und Zweifeln auf sich hat. Trifft einer der Punkte bei Ihnen zu?

Von Zögern und Zweifeln zu Klarheit:

☞ Faustregel

Es ist wichtig, Zögern und Zweifeln unter die Lupe zu nehmen, wenn
- es über längere Zeit dabei bleibt und dies zur Blockade wird;
- Sie zunehmend darunter leiden, nicht zu entscheiden.

Sich damit zu beschäftigen, wie es kommt, dass man etwas verändern will, aber zögert, dies zu tun, hat zum Ziel, dass Sie aus der dadurch entstehenden Blockade hinausfinden und tun können, was Sie tun wollen.

Dazu ist es hilfreich, sich einige Gedanken zu machen, wie es kommt, im Zögern hängen zu bleiben, und was dann weiterhilft.

Hintergrund und Ansatzpunkt

Zögern und Zweifeln sind Symptome, denen im Kern meist zwei Dinge zugrunde liegen:

- *Mit dem Ziel stimmt etwas nicht: Man steht nicht wirklich hinter dem Veränderungsvorhaben.*
- *Man steht voll und ganz hinter dem, was man tun will, schreckt aber vor Risiken zurück, die mit der Veränderung verbunden sind.*

Lassen Sie mich mit zwei Beispielen veranschaulichen, was damit gemeint ist.

» Die Freundin von Herrn L. drängt schon längere Zeit darauf zusammenzuziehen. Herr L. zögert. Er weiß nicht genau, warum. Er weiß nur, dass ihn etwas zurückhält. Schließlich schlägt er den Knoten durch. Er beendet die Beziehung. Nicht in Unfrieden. Er merkt einfach, dass er nicht 100 % dahinter steht. Die Freundin versteht nicht, was los ist. Ihre Freundinnen meinen: »Wieder ein Mann, der sich nicht auf Beziehung einlassen kann.« Herr L. bleibt längere Zeit Single. Eines Tages trifft er eine Frau, bei der er sofort weiß: »Mit dieser Frau möchte ich alt werden.« Ein paar Monate später ziehen sie zusammen. Kein Zögern und Zaudern. Es ist einfach klar. Was ist hier geschehen? Man könnte viel spekulieren. Es geht auch einfacher: Es gab einfach etwas, was nicht passte. Punkt. Ob das nun der Kinderwunsch der Ex-Freundin war oder die Tatsache, dass Herr L. sich zwar mit dieser Frau sehr wohl, aber nie ganz frei gefühlt hatte, spielt letztlich keine Rolle. Entscheidend ist: Herr L. hatte Zweifel. Das innere Wissen, dass es gut war zusammenzuziehen, fehlte. Auch wenn er dies rational selbst nicht völlig verstand, so wusste er intuitiv, dass er nicht Angst hatte vor Verbindlichkeit, sondern dass es letztlich trotz allen schönen Seiten nicht die Frau war, mit der er zusammenleben wollte. Das Wohnungsthema hatte diese Entscheidung herausgefordert. Im Nachhinein ist Herr L. froh, dass er nicht mit Gewalt über sein Zögern hinweggegangen ist.

»*Auch Frau E. zögert. Seit Jahren pflegt sie engen Kontakt zu einer Familie in Sri Lanka. Sie hatte den Familienvater bei einer Reise als Trekking-Guide kennen und schätzen gelernt. Nach dem Tsunami half sie der Familie beim Wiederaufbau der Existenz mit dem Bau eines Guest Houses. Sie erstellte und betreibt eine Website und gewinnt Gäste aus Europa. Jeden Urlaub ist sie in Sri Lanka und hilft dem Familienbetrieb. Seit einiger Zeit erwägt sie den großen Schritt: Ihre Stelle in Europa zu kündigen und nach Sri Lanka umzuziehen, um dort voll für das Guest House zu arbeiten. Ihr Herz möchte das nächste Flugzeug nehmen. Ihr Kopf warnt vor Risiken: Man gibt in der heutigen Zeit eine gute Stelle nicht auf! Was, wenn die Gäste ausbleiben? Was, wenn sie Europa vermisst? Was, wenn es sich als Fehlentscheidung entpuppt? Sie zögert. Und leidet zunehmend darunter.*

Bei Herrn L. war Zögern ein Symptom dafür, dass er auf dem Sprung war, etwas zu tun, was er letztlich nicht tun wollte. Manchmal ist es schwer, dies zu erkennen und sich einzugestehen. Dann fordern Zweifel heraus, auf den Punkt zu kommen. Anders bei Frau E.: Hier war Zögern ein Symptom dafür, dass sie zwar absolut den Wunsch hatte, den Veränderungssprung zu wagen, aber davor zurückschreckte, weil ihr Kopf Risiken vorhielt, die damit verbunden waren. Diese Risiken sind real. Es ist sinnvoll, sich damit zu beschäftigen. Nicht, um sich vom Handeln abhalten zu lassen, sondern um durch diese Auseinandersetzung zu einer passenden Entscheidung kommen und diese mit Vertrauen umsetzen zu können.

Zögern und Zweifeln können gute Berater sein. Kritisch wird es, wenn sie in mentale Schlaufen führen und Entwicklung blockieren.

Es ist nicht klug, Zögern mit Gewalt zum Verschwinden bringen zu wollen. Es ist nicht empfehlenswert, sich zu einem Veränderungsschritt durchzuringen, zu dem man aus irgendeinem Grund (noch) nicht bereit ist. Wer dies tut, reibt sich leicht einmal die Augen, wenn erhoffte Befreiung und Erfüllung ausbleiben. Davon handelt Kapitel 2, wo es um Flucht nach vorn ging. Menschen, die plötzlich ihr Leben auf den

Kopf stellen, tun dies oft nach einer langen Phase des Zögerns. Eines Tages halten sie es nicht mehr aus. Statt sich mit den Gründen des Zögerns auseinanderzusetzen und die Zeit zu nutzen, um zu einer wirklich guten Entscheidung zu kommen, stürzen sie sich ins Abenteuer. Nicht selten setzen sie sich dabei selbst unter Druck; sie wollen jemand sein, der Mut zur Veränderung hat. Mit Zögern genügen sie ihren Ansprüchen an sich selbst nicht. Heutzutage wird »Lust auf Change« propagiert – und oft verwechselt mit echtem Wachstum.

Ebenso wenig ist es klug, Zögern und Zweifeln zu kultivieren. Es gibt Menschen, die sind sozusagen vollamtliche Zweifler. Nicht selten verteidigen sie dies als »realistisch« oder »differenziert«. Das ist auch eine Entscheidung. Vorwärts führt sie nicht. Sich mit dem eigenen Zögern auseinanderzusetzen, heißt nicht, einen Vorwand zu kultivieren, nicht zu verändern, Sicherheitsdenken zu pflegen. Es heißt nicht, sich von Veränderung abhalten zu lassen. Es heißt, die Basis zu legen, um Veränderung auf eine Weise wagen zu können, die man selbst wirklich will, hinter der man steht und die passt. Sich mit Bedenken, Ängsten und Risiken auseinanderzusetzen, ermöglicht, Spreu vom Weizen zu trennen und mutig, aber nicht blind vorwärtszugehen. Wer sich mit Risiken beschäftigt, kann sie eingehen. Risiken gehören immer dazu. Wer alles absichern will, wird sich nie auf den Weg machen. Wie es Seneca, der römische Philosoph, Dramatiker, Forscher und Staatsmann im 1. Jh. n. Chr., auf den Punkt brachte: »*Im Hafen ist ein Schiff sicher, aber dafür ist es nicht gebaut.*« Sich mit Risiken zu beschäftigen, befähigt, zu einer Entscheidung zu kommen, hinter der man 100 % steht – weil man die Risiken bedacht, die damit verbundenen Ängste angehört und gerade so geklärt hat, was jetzt Sache ist. Wie auch immer man entscheidet: Man weiß, warum man es tut. Man legt die Basis für das innere Wissen »Das ist jetzt gut so«. Das ist die Basis, auf der man sich an der Hand nehmen und den Sprung wagen kann. Und sich damit nicht nur Entwicklung ermöglicht, sondern auch Gedanken erspart wie »Was wäre wohl gewesen, wenn ich das gemacht hätte …« oder Selbstvorwürfe wie »Ach, hätte ich nur …«.

Es ist also empfehlenswert zu tun, was naheliegt: erkunden, wie es kommt, dass man zögert und zweifelt. Liegt es daran, dass man nicht wirklich überzeugt ist von dem, was man meint, tun zu wollen oder zu müssen? Oder liegt es daran, dass man zurückschreckt vor dem, was passieren könnte?

In Abbildung 56 ist das Wichtigste zusammengefasst.

Wenn Zögern davon abhält, Veränderung zu wagen:
Hintergrund und Ansatzpunkt

☞ Wenn Zögern und Zweifeln davon abhalten, Veränderung zu wagen, kann das darauf zurückgehen, dass etwas mit dem Ziel nicht stimmt oder dass man vor den Risiken zurückschreckt, die die Veränderung mit sich bringt.

☞ Ansatzpunkt ist es, als Erstes zu klären, ob man den Veränderungsschritt selbst wirklich will. Ist dies der Fall und zögert man dennoch, ist zu klären, wovor man genau zurückschreckt, insbesondere vor welchen Risiken.

(56)

Es *ist möglich*, Zögern und Zweifeln zu nutzen, um zu einer guten Entscheidung zu kommen!

Herr Näf, von dem ich eingangs im Kapitel erzählt habe, war sich völlig klar: Er wollte, dass seine Eltern noch gute Jahre verbringen konnten. Er wollte für sie und mit ihnen eine gute Lösung finden. Er wollte diese Wohnung kaufen. Er wollte dafür sorgen, dass alles gut geregelt war, er sich so viel wie möglich um die Eltern kümmern konnte, ohne dabei die Anforderungen seines eigenen Lebens aus den Augen zu verlieren. So weit, so gut.

Doch da waren all diese Fragen: Drängte er den Eltern etwas auf, was diese gar nicht schön fanden? Würden sie sich in dieser für sie fremden Stadt wohlfühlen? Würden sie sich überhaupt auf die neue Situation einstellen können? Sie waren schon über 80 Jahre alt. Wie würde die

Situation für ihn selbst aussehen? Konnte er diese Lösung realistischerweise anbieten? Hatte er genügend zeitlichen Spielraum? Alles berechtigte, sinnvolle Fragen. Obwohl die Zeit drängte – die Wohnung befand sich in begehrter Lage und die Eltern wurden auch nicht jünger – nahm Herr Näf sich Zeit, diese Fragen seriös durchzugehen. Er ließ sich nicht unter Druck setzen. Schlussendlich brauchte es gar nicht so viel Zeit, um durch das Zögern hindurch zu einer guten Entscheidung zu finden. Er bezog seine Eltern in den Plan ein, ihre Reaktion gab ihm ein gutes Gefühl: Der Vater freute sich über diese neue Möglichkeit, es war für ihn ein Abenteuer. Er fand es spannend, in die Stadt zu ziehen. Die Mutter hörte den beiden Männern einfach zu; zu diesem Zeitpunkt war sie fast etwas apathisch geworden. Herr Näf informierte sich weiter über die Möglichkeiten einer häuslichen Betreuung. Er sprach mit seinem Hausarzt und mit dem Arzt der Eltern. Gesundheitlich, organisatorisch und finanziell war die Sache machbar und zumutbar. Je mehr er sich mit der Situation auseinandersetzte, desto stärker spürte er Freude, wenn er an dieses Projekt dachte. Ja, er wusste nicht, wie die Eltern reagieren würden. Er dachte Worst-Case-Szenarien durch und hatte einige Ideen, was er tun konnte, vor allem, wenn die Eltern sich verloren und unglücklich fühlen würden. Ein Restrisiko blieb. Er kam zum Schluss, dass unter dem Strich alles für diesen Schritt sprach. Er unterschrieb den Kaufvertrag für die Wohnung. Die Eltern zogen ein. Der Vater ging auf Entdeckungsspaziergänge, es war, als wäre er um Jahre jünger geworden. Die Mutter konnte binnen kürzester Zeit, was sie die vergangenen Monate nicht mehr konnte: Treppe steigen und kochen. Sie gewann sogar etwas von ihrer alten Lebhaftigkeit zurück. Und obwohl es immer wieder etwas zu organisieren gab, es zwischendurch zu Krankenhausaufenthalten kam und die Betreuung nicht immer reibungslos lief, erlebten sie alle noch einige gute Jahre. Der Vater organisierte ein Fest zu seinem 90. Geburtstag. Er lud dazu eine ganze Truppe von Menschen ein, die er mit seiner freundlichen Art in seiner neuen Wohnumgebung kennengelernt hatte, die meisten viele Jahre jünger als er.

Es ist möglich, mit Zweifeln produktiv umzugehen. Sie können es machen wie Herr Näf. Im Folgenden finden Sie Anregungen dazu.

Die zwei entscheidenden Erfolgsfaktoren

Sie können Zögern und Zweifeln für Ihr Vorgehen nutzen, indem Sie sich mit zwei Themen beschäftigen:

- *Klären: Will ich diese Veränderung wirklich?*
- *Wenn ich die Veränderung will und dennoch zögere: Was hält mich zurück? Und wie löse ich diese Bremse?*

→ 1: Klären: Will ich diese Veränderung wirklich?

Wenn man zögert, einen Veränderungsschritt zu wagen, ist es sinnvoll, den Stier bei den Hörnern zu packen: Stehe ich hinter diesem Veränderungsvorhaben? So logisch das klingt: In der Praxis erfordert es oft Mut, zu einer ehrlichen Antwort zu kommen. Wer wie Herr L. zögert, mit der Freundin zusammenzuziehen, kann in einen erheblichen inneren Konflikt geraten: Stimmt etwas mit mir nicht? Es ist doch nichts falsch an dieser Frau? Wir haben es doch ganz gut. Wie wird sie reagieren? Was werden meine Freunde sagen? Bin ich vielleicht wirklich ein Mann mit »Bindungsangst«? Werde ich je wieder eine Partnerin finden? Habe ich unrealistische Ansprüche?

Der Mut, sich dieser Frage zu stellen, wird belohnt mit Klarheit. Auch wenn es Überwindung kosten kann: Wer mit sich selber ins Reine kommt, kann gut handeln.

Wie Sie vorgehen können:

- **Kommen Sie auf den Punkt: Will ich diese Veränderung?** Wenn Sie ehrlich sind mit sich selbst und alles um sich herum einmal bewusst ausklammern: Was ist Ihre spontane Antwort?
- **Spüren Sie nach: Wie reagiere ich auf meine Antwort?** Welche Gefühle, Gedanken, inneren Bilder löst Ihre Antwort aus? Spüren Sie Erleichterung? Freude? Oder Angst? Denken Sie: »Das kann ich einfach nicht machen!«? Fragen Sie dann, warum und in wessen Au-

gen Sie das nicht machen können. Oder denken Sie: »Endlich! Ich hab es ja im Grunde genommen gewusst, aber mir nicht zugestanden.«? Vielleicht entsteht ein inneres Bild, Sie sehen etwa, wie Sie eine Last über Bord werfen oder soeben von einem Sprungbrett gesprungen sind.

- **Begeben Sie sich auf eine mentale Reise: Wie wird es sein, wenn ich diese Antwort ernst nehme und entsprechend handle?** Stellen Sie sich vor, dass Sie jetzt tun, was Ihre Antwort nahelegt. Beispielsweise, dass Sie sich zu diesem Auslandsaufenthalt entscheiden, den Sie schon länger erwägen. Versetzen Sie sich innerlich in die Situation, wie Sie diese Entscheidung umsetzen: Wie fühlen Sie sich? Was freut Sie? Wovor haben Sie allenfalls Angst? Welche Konsequenzen hat dieser Schritt? Was sind Vor- und Nachteile? Wie reagiert das Umfeld? Etwa: »Ich finde das sehr egoistisch.« Oder: »Super, ich habe schon lange gehofft, dass du das machst.«?

- **Drehen Sie die Sache um: Was wäre, wenn ich *nicht* auf meine spontane Antwort hören würde?** Stellen Sie sich vor, Sie tun genau das Gegenteil: Wie geht es Ihnen *dann*? Was können Sie *dann* gewinnen bzw. verlieren? Welche Vor- und Nachteile sehen Sie? Wer hat ein Interesse daran? Wie werden Sie in einigen Jahren auf diese Entscheidung zurückschauen? Wenn Sie z. B. in dieser unbefriedigenden Beziehung bleiben: Alles bleibt so, wie es ist. Nicht nur die Streitereien. Sie müssen keine neue Wohnung und keinen neuen Partner finden. Der finanzielle Stress einer Trennung entfällt. Sie müssen Ihrem Umfeld nicht erklären, warum Sie sich dazu entschlossen haben. Wie geht es Ihnen, wenn Sie sich in *diese* Situation hineinversetzen?

- **Ziehen Sie Ihr Fazit: Was will ich jetzt wirklich?** Zu welchem Schluss kommen Sie?

Berücksichtigen Sie bei Ihren Erkundungen:
- **Hören Sie nach innen.** Lassen Sie kommen, was kommt. Wehren Sie Ihre spontane Reaktion nicht gleich ab mit »Das geht nicht!«, »Was

sagt auch mein Umfeld, wenn ich so entscheide?«, »Das ist doch verrückt.« Klammern Sie Gefühle, rationale Überlegungen und Argumente sowie mögliche Reaktionen anderer einmal bewusst aus.

- **Kein Werten und Urteilen.** Kümmern Sie sich nicht um »richtig« und »falsch«. Wenn Sie z. B. eine schöne Stelle zugesagt bekommen haben, aber jetzt klar spüren, dass Sie diese nicht annehmen wollen, sagen Sie dann nicht vorschnell: »Das ist falsch. Ich kann mir doch eine solche Gelegenheit nicht entgehen lassen.« Erkunden Sie viel mehr, was mit Ihrer Reaktion verbunden ist, und entscheiden Sie erst *dann*, was *Sie* wollen.
- **Kein Psychologisieren.** Wenn Sie etwa wie Herr L. spüren, dass Sie nicht mit Ihrer Freundin zusammenziehen wollen, verfangen Sie sich nicht in psychologisierenden Spekulationen von »nicht beziehungsfähig«, »Bindungsangst«. Stehen Sie zu sich selbst.
- **Keine Schuldgefühle.** Wenn z. B. Ihre spontane Antwort ist, dass Sie externe Hilfe beanspruchen wollen, um Ihren chronisch kranken Mann mit zu betreuen: Belasten Sie sich dann nicht mit »Ist das egoistisch?«, »Lasse ich ihn im Stich?« Denken Sie vielmehr weiter, welche Möglichkeiten es gibt, auf eine Weise vorzugehen, die für Sie *und* für Ihren Mann gut ist.
- **Es vor allem anderen recht machen zu wollen, schadet allen.** Lassen Sie sich nicht zu falschen Kompromissen und Entscheidungen verleiten, hinter denen Sie nicht stehen. Es nützt niemandem, wenn Sie sich z. B. für eine Familie entscheiden, weil Ihre Partnerin unbedingt Kinder haben möchte. Das kann langfristig allen schaden.
- **Für *jetzt*.** Indem Sie jetzt die Antwort finden, hinter der Sie wirklich stehen, werden Sie bereit sein, die Verantwortung zu übernehmen für die Konsequenzen. Sie werden erfahren, dass sich daraus neue Entscheidungen ergeben, hinter denen Sie stehen. Auch wenn es vielleicht anders kommt, als Sie jetzt denken und wünschen: Wenn Sie jetzt tun, was Ihr inneres Wissen Ihnen nahelegt, werden Sie nie sagen: »Wie konnte ich nur so blöd sein.« Sie werden höchstens sagen: »Im Nachhinein hätte ich es anders gemacht. Aber es war da-

mals richtig. Und aufgrund neuer Erfahrung entscheide ich jetzt wieder neu.«

In Abbildung 57 sind die obigen Schritte zusammengefasst.

Von Zögern und Zweifeln zu Klarheit:
Will ich diese Veränderung wirklich?

- Was ist meine spontane Antwort?
- Welche Gedanken und Gefühle stellen sich auf meine spontane Antwort ein?
- Wie wird es sein, wenn ich diese Antwort ernst nehme und entsprechend handle?
- Was wäre, wenn ich *nicht* auf meine Antwort hören würde?
- Fazit: Was will ich jetzt wirklich? (57)

→ **2: Wenn ich die Veränderung will und dennoch zögere: Was hält mich zurück? Und wie löse ich diese Bremse?**

Wenn Sie zum Schluss gekommen sind, dass Sie voll und ganz hinter dem Veränderungsvorhaben stehen, aber dennoch zögern, dann ist es sinnvoller zu schauen, wie Sie diese Bremse lösen können, als mit Gewalt loszufahren – was bei einem Auto nicht empfehlenswert ist, ist auch in einem Veränderungsvorhaben nicht weise.

Natürlich gibt es viele Gründe, warum Sie etwas wirklich wollen und dennoch zögern. Einige solcher Gründe finden Sie in den anderen Kapiteln dieses Buches. So kann es etwa sein, dass Sie sich nicht wirklich zugestehen, sich für etwas einzusetzen, was Ihnen wichtig ist; dann finden Sie in Kapitel 3 Anregungen. Möglicherweise lassen Sie sich bremsen durch reale oder vermutete Reaktionen aus Ihrem sozialen Umfeld; dann zeigt Kapitel 6 Wege, wie Sie sich selbst treu bleiben können, ohne das Umfeld zu ignorieren. Vielleicht zögern Sie, weil Sie sich nicht zutrauen, erreichen zu können, was Sie gerne erreichen möchten; dann können Sie in Kapitel 7 Ideen sammeln, wie Sie Selbstvertrauen stärken können.

Ein Grund, der besonders häufig im Spiel ist, wenn man sehr gerne einen bestimmten Veränderungsschritt wagen würde, aber davor zurückschreckt, dies auch zu tun, ist Angst vor Risiken. Darum fokussiere ich hier auf diesen Faktor. Gerade indem Sie sich mit den Risiken einer Veränderung beschäftigen, schaffen Sie die Basis, um sich nicht davon abhalten zu lassen zu tun, was Ihnen wichtig ist. Das erfordert allerdings etwas anderes, als mental um Risiken zu kreisen und sich verunsichern zu lassen. Es erfordert, so vorzugehen, dass Sie bewusst, aber nicht kopflos Risiken eingehen.

Wie Sie vorgehen können:

- **Machen Sie mental den Veränderungsschritt, den Sie wagen möchten: Was beinhaltet dieser Schritt genau?** Lassen Sie einen inneren Film ablaufen, stellen Sie sich den Prozess plastisch vor. Wenn Sie sich etwa frühzeitig pensionieren lassen wollen: Wie gehen Sie vor? Wo und wie beginnen Sie? Was können Sie vorbereiten? Was wollen Sie abklären? Was müssen Sie an sich herankommen lassen?
- **Erwägen Sie den Worst case: Was ist das Schlimmste, was passieren kann?** Vielleicht wollen Sie einmal alles aufschreiben, was Ihnen in den Sinn kommt. Welches Bild ergibt sich? Oft nimmt nur schon dadurch Angst ab; was bisher diffus im Hinterkopf herumgeisterte, wird konkret benannt. Man kann sich damit auseinandersetzen.
- **Sammeln Sie Ideen: Was würde / könnte ich dann tun?** Schauen Sie die einzelnen Punkte an und sammeln Sie Ideen, wie Sie vorgehen würden. Wenn Sie etwa auf dem Punkt sind, eine Familie zu gründen, und Angst haben, das finanziell nicht zu schaffen: Welche Möglichkeiten sehen Sie, wenn alle Stricke reißen, Sie etwa die Stelle verlieren sollten? Was wären dann Optionen?
- **Eine Risikogarantie gibt es nicht – und dennoch: Was kann ich tun, um gut gerüstet zu sein?** Es lässt sich einiges tun: Informationen einholen, von den Erfahrungen anderer profitieren, die einen ähnlichen Schritt gemacht haben, sich noch etwas Zeit geben – nicht um abzuwarten, sondern um gezielt Vorbereitungen zu treffen. So

wollen Sie sich beispielsweise noch eine bestimmte Zeit geben, um finanzielle Reserven aufzubauen, bevor Sie ein Haus kaufen. Oder Sie suchen erst von der komfortablen Situation einer Festanstellung eine neue Stelle, bevor Sie kündigen. Oder Sie bleiben noch eine Zeit in Teilzeitanstellung, bevor Sie sich beruflich ganz selbständig machen. Oder Sie machen erst längere Aufenthalte in dem Land, in das Sie auswandern wollen.

- **Schlagen Sie den Knoten durch: Will ich diesen Veränderungsschritt jetzt wagen?** Bleiben Sie bei Ihrer Entscheidung? Sind Sie bereit zu tun, was Sie tun wollen? Oder sind die Risiken größer als der Wert, den diese Veränderung für Sie hat?

Berücksichtigen Sie bei diesen Schritten:

- **Es geht nicht ums Schwarzmalen, sondern darum, frei zu werden zum Handeln.** Genau hinschauen ist nicht das Gleiche wie Furchtszenarien aufbauen. Sich mit Worst-case-Szenarien auseinanderzusetzen bewirkt nicht nur, dass Sie sich vorab Gedanken machen können, wie Sie solchen Situationen begegnen können. Indem Sie sich der damit verbundenen Angst stellen, können Sie diese überwinden. Wenn Sie befürchten, sich mit dem Hauskauf zu ruinieren, können Sie durchrechnen, wie Sie vorgehen werden, wenn der Hypothekenzins steigen sollte. Wenn Sie dann zum Schluss kommen, dass Sie das bewältigen können, werden Sie umso freier handeln können.

- **Es geht nicht darum, Risiken auszuschalten, sondern darum, Angst vor Risiken abzubauen.** Sie können nie alle Risiken ausschließen. (Glücklicherweise?!) gibt es keine Risikogarantie im Leben. Letztlich kommen Sie nicht drum herum, den Sprung zu wagen. Aber Sie können Risiken abwägen. Indem Sie dies tun, sind Sie in der Lage, gut gerüstet und frohen Mutes und hoffentlich stolz auf sich selbst zu wagen, was Sie wagen wollen.

- **Schlechte Erfahrungen sind nicht Hinweis, dass die Entscheidung schlecht war, sondern Anlass, dann noch anders vorzugehen.** Dinge können immer anders laufen als erwartet. Wenn Sie hinter dem stehen, was Sie tun, werden sich immer wieder neue Möglichkeiten und Wege erschließen. Veränderungen lassen sich zwar oft nicht zurückdrehen. Doch man kann immer wieder neu entscheiden.

- **Stehen Sie zu Ihrer Entscheidung.** Wenn Sie jetzt zum Schluss kommen, den Schritt vorerst doch nicht umzusetzen, sind es dann nicht mehr Zweifel, die Sie dazu veranlassen, sondern eine bewusst getroffene Entscheidung. Das ist ein Unterschied, der Ihnen ermöglicht, Frieden zu haben mit dem, was Sie tun. Sie können sich dann wieder anderen Dingen zuwenden.

In Abbildung 58 finden Sie die obigen Schritte zusammengefasst.

Von Zögern und Zweifeln zu Klarheit:

Was hält mich zurück? Und wie löse ich diese Bremse?

- Was beinhaltet der Veränderungsschritt, den ich jetzt wagen will?
- Was ist das Schlimmste, was passieren kann?
- Was würde / könnte ich dann tun?
- Was kann ich tun, um gut gerüstet zu sein?
- Fazit: Will ich diesen Veränderungsschritt jetzt wagen?

Wenn Sie durch die Auseinandersetzung mit Zögern und Zweifeln zu einer Entscheidung gekommen sind, haben Sie nicht nur die Bremse gelöst, die Sie vielleicht schon lange viel Energie gekostet hat. Sie haben dann auch erfahren, wie befreiend es ist, wenn man Zögern weder mit einer Haurückübung aus dem Weg räumen will noch sich davon im Entscheiden und Handeln lähmen lässt. Indem Sie jetzt umsetzen, wozu Sie sich entschieden haben, stärken Sie zugleich das Vertrauen, dass es möglich ist, Veränderung zu wagen, auf eine Weise in Bewegung zu kommen, zu der man steht und die zu einem passt. Und sicher werden Sie zu gegebener Zeit erfahren, dass Sie mit diesem Vorgehen erfreuliche Resultate erzielen – auch solche, die Sie sich jetzt noch gar nicht vorstellen können. Viel Mut!

Eine Checkliste für unterwegs

»Wenn der Wind der Veränderung weht,
bauen die einen Mauern,
die anderen Windmühlen.«

Chinesische Weisheit

Sie kommen ans Ende dieses Buches. Schön, wenn Sie Ideen gesammelt, Mut geschöpft und bereits einiges umgesetzt haben.

Vielleicht legen Sie das Buch dann jetzt weg und ziehen weiter. Vielleicht wollen Sie sich mit folgender Checkliste die Themen dieses Buches nochmals vergegenwärtigen und für sich selber schauen, wie Sie unterwegs sind:

☐ Ist mir klar, worauf es im Kern ankommt, damit ein Veränderungsprozess gelingen kann? Beziehe ich dies in mein Vorgehen ein?

→ **Kapitel 0. Wie gelingt ein Neuanfang?**

☐ Habe ich ein klares Bild, worum es in meiner Situation geht und wo ich ansetzen will und kann?

→ **Kapitel 1 und 2, eventuell Kapitel 5 und 8**

☐ Habe ich einen motivierenden Horizont, der zu mir passt und in dessen Richtung ich konkrete Schritte umsetzen will und realistischerweise auch kann?

→ **Kapitel 4, eventuell auch Kapitel 2, 3, und 5**

☐ Sehe ich Möglichkeiten und Wege, die in Richtung dieses Horizonts führen? Kann ich konkrete Ziele formulieren? Gibt es Anhaltspunkte, dass ich diese Ziele erreichen kann?

→ **Kapitel 2 und 4, eventuell Kapitel 5**

☐ Treffe ich Entscheidungen, hinter denen ich stehe? Übernehme ich Verantwortung für meinen Weg?

→ **Kapitel 5 und 9, siehe auch Kapitel 1**

☐ Wage ich es anzufangen? Gehe ich Risiken bewusst, aber nicht kopflos ein?

→ **Kapitel 9, siehe auch Kapitel 1, 5 und 2**

☐ Sind meine Sicht- und Denkweisen motivierend und hilfreich? Erlaubt meine Haltung, motiviert *und* realistisch vorzugehen sowie dranzubleiben?

→ **Kapitel 3, siehe auch Kapitel 2, 5 und 8**

☐ Kann ich mir vorstellen und zugestehen, dass ich wichtige Ziele und erfreuliche neue Situationen erreichen kann?

→ **Kapitel 3 und 5**

☐ Habe ich Vertrauen in mich und meine Fähigkeiten? Gehe ich davon aus, dass ich dazu beitragen kann, wie die Dinge sich entwickeln?

→ **Kapitel 7, siehe auch Kapitel 3**

☐ Habe ich das Vertrauen, dass ich das alles schaffen werde, auch wenn es vielleicht zu einem anderen Zeitpunkt und auf andere Weise zu guten Resultaten kommt?

→ **Kapitel 8, siehe auch Kapitel 7 und 9**

☐ Bin ich in der Lage, Reaktionen aus dem sozialen Umfeld offen aufzunehmen und zu schauen, welche für mich wichtig und hilfreich sind und welche ich besser stehen lasse, um mein Veränderungsvorhaben nicht zu gefährden?

→ **Kapitel 6**

☐ Weiß ich, was mir hilft durchzuhalten und dranzubleiben? Pflege ich dies genügend?

→ **Kapitel 8, siehe auch Kapitel 1**

☐ Komme ich voran? Gibt es Hinweise, dass ich vieles richtig mache? Gibt es Anzeichen von Fortschritt sowie Erfolgserlebnisse?

→ **Kapitel 8**

Wenn Sie diese Fragen mit »Ja« beantworten, sind Sie bestens gerüstet und können guten Mutes Ihren Weg weitergehen. Bei Fragen, die Sie ins Zögern bringen, sollten Sie eventuell die entsprechenden Kapitel noch einmal durchgehen.

Das Ende dieses Buches ist der Anfang Ihres Weitergehens. Ich wünsche Ihnen, dass Sie mit klarem Kopf, motiviert und mutig sowie mit Vertrauen erreichen können, was Ihnen wichtig ist. Diese Erfahrung ist besser als alle Bücher. Ich wünsche Ihnen viele Erfolgserlebnisse – und hoffentlich immer wieder auch Freude!

Dank

»Nichts kommt ohne Interesse zustande.«

Georg Friedrich Wilhelm Hegel (1770–1831)
Deutscher Philosoph

Dieses Buch ist entstanden, weil es Menschen gibt, die in Veränderungssituationen wissen wollen: Was ist hier los? Wie komme ich hier weiter? An diese Menschen geht mein besonderer Dank. Sie sind es, die meine Arbeit auch nach vielen Jahren interessant bleiben lassen und die mich beim Schreiben dieses Buches inspiriert und motiviert haben, ganz egal, ob sie in meinen Veranstaltungen Erfahrungen, Erkenntnisse und offene Fragen einbringen, ich sie berate, sie mir in ihrer Art, mit Veränderung umzugehen, auffallen oder ob sie als mir Unbekannte der Wissenschaft zu wichtigen Erkenntnissen verhelfen, wenn es um Umgang mit Veränderung geht. Beispiele solcher Menschen fließen in dieses Buch ein; dabei sind alle Namen geändert. Menschen, die offen sind, Neues zu lernen, den Mut aufbringen, wichtige Ziele anzupeilen und dabei auch Hindernisse nicht scheuen, sind eine Bereicherung, machen Mut und zeigen, dass Hindernisse der Anfang von gutem Neuen sein können.

Und dieses Buch ist entstanden, weil Menschen mich direkt dazu ermutigt, mit ihrem Mitdenken inspiriert haben und mit Anregungen wichtige Drehs finden ließen. Mein herzlicher Dank geht hier besonders an meine Lektorin bei Klett-Cotta, Frau Dr. Christine Treml, die mich angeregt hat, aus einer Idee ein Buchprojekt werden zu lassen, und die mit ihrer präzisen und motivierenden Art ermöglicht hat, dass Sie jetzt dieses Buch in Händen halten. Ein ebenso herzlicher Dank geht an meinen Mann Bert Wenkenbach: Du bist das lebendige Beispiel eines Menschen, der sich immer an Möglichkeiten, Lösungen und Lebensträumen orientiert. Danke, dass du mich damit immer wieder inspirierst – nicht nur in diesem Buchprojekt.

Bücher zum Weiterlesen

Die Basis dieses Buches

Tobler, Sibylle (3. Aufl. 2012): *Neuanfänge – Veränderung wagen und gewinnen.* Stuttgart: Klett-Cotta.

Ergänzende Anregungen

Blitz, Erika (2009): *Keine Sorge – Selbstfürsorge. Vom achtsamen Umgang mit sich selbst.* Tübingen: dgvt.

Dehner, Ulrich / Dehner, Renate (2. erw. Aufl. 2013): *Steh dir nicht im Weg! Mentale Blockaden überwinden.* Frankfurt a.M.: Campus.

Dyer, Wayne W. (36. Aufl. 2013): *Der wunde Punkt. Die Kunst, nicht unglücklich zu sein.* [Orig. engl. (1976): *Your Erroneous Zones.*] Reinbek: Rowohlt.

Knoblauch, Jörg et al. (5. Aufl. 2007): *Dem Leben Richtung geben.* Frankfurt a.M.: Campus.

Krelhaus, Lisa (2006): *Wer bin ich – wer will ich sein? Ein Arbeitsbuch zur Selbstanalyse und Zukunftsgestaltung.* München: mvg.

Martens, Jens-Uwe (2012): *Praxis der Selbstmotivierung. Wie man erreichen kann, was man sich vornimmt.* Stuttgart: Kohlhammer.

Miedaner, Talane (2009): *Coach dich selbst, sonst coacht dich keiner. Verwirklichung Ihrer beruflichen und privaten Ziele.* [Orig. engl. (2000): *Coach Yourself To Success.*] München: mvg.

Potreck-Rose, Friederike (10. erw. Aufl. 2014): *Von der Freude, den Selbstwert zu stärken.* Stuttgart: Klett-Cotta.

Schwartz, David J. (2009): *Denken Sie groß!* [Orig. engl. (1959): *The Magic of Thinking Big.*] München: Ariston.

Sprenger, Reinhard (Sonderausgabe 2015). *Die Entscheidung liegt bei dir! Wege aus der alltäglichen Unzufriedenheit.* Frankfurt a.M.: Campus.

Wolf, Doris / Merkle, Rolf (29. Aufl. 2012): *Gefühle verstehen, Probleme bewältigen. Eine Gebrauchsanleitung für Gefühle.* Mannheim: PAL.

Anregendes aus Wissenschaft und Beratung

Bandura, Albert (1997): *Self-Efficacy. The Exercise of Control.* New York: Worth Publishers Palgrave Macmillan.

DeJong, Peter / Berg, Insoo Kim (5. Aufl. 2003): *Lösungen (er-)finden. Das Werkstattbuch der lösungsorientierten Kurztherapie.* [Orig. engl. (1998): *Interviewing for Solutions.*] Dortmund: Modernes Lernen.

De Shazer, Steve (9. Aufl. 2014): *Wege der erfolgreichen Kurztherapie.* [Orig. engl. (1985): *Keys to Solution in Brief Therapy.*] Stuttgart: Klett-Cotta.

Flammer, August (1990): *Erfahrung der eigenen Wirksamkeit. Einführung in die Psychologie der Kontrollmeinung.* Bern / Stuttgart / Toronto: Huber.

Kuhl, Julius (2001): *Motivation und Persönlichkeit. Interaktion psychischer Systeme.* Göttingen: Hogrefe.

McClelland, David (1987): *Motivation.* Cambridge: Cambridge University Press.

Martens, Jens-Uwe / Kuhl, Julius (4. Aufl. 2011): *Die Kunst der Selbstmotivierung. Neue Erkenntnisse der Motivationsforschung praktisch nutzen.* Stuttgart: Kohlhammer.

Rheinberg, Falko / Vollmeyer, Regina (8. aktual. Auflage 2012): *Motivation.* Stuttgart: Kohlhammer.

Schulz von Thun, Friedemann (48. Aufl. 2010): *Miteinander reden,* Band 1. *Störungen und Klärungen. Allgemeine Psychologie der Kommunikation.* Reinbek b. Hamburg: Rowohlt Taschenbuch.

Schulz von Thun, Friedemann (22. Aufl. 2013): *Miteinander reden,* Band 3. *Das »Innere Team« und situationsgerechte Kommunikation. Kommunikation, Person, Situation.* Reinbek b. Hamburg: Rowohlt Taschenbuch.

Seligman, Martin E. P. (Reprint 2006): *Learned Optimism. How to Change Your Mind and Your Life.* New York: Vintage.

Weiß, Halko / Harrer, Michael E. / Dietz, Thomas (6. Aufl. 2012): *Das Achtsamkeitsbuch.* Stuttgart: Klett-Cotta.